Elke Loubier

Richtig schreiben von Beginn an

Band 3

Differenziertes Übungsmaterial zu Merkwörtern

2.–4. Klasse

Persen Verlag

Die Autorin:

Elke Loubier ist erfahrene Deutschlehrerin und hat langjährige Erfahrungen in der Förderung von lese- und rechtschreibschwachen Grundschulkindern.

Gedruckt auf umweltbewusst gefertigtem, chlorfrei gebleichtem und alterungsbeständigem Papier.

1. Auflage 2013

Grafik: Anke Fröhlich
Satz: Satzpunkt Ursula Ewert GmbH, Bayreuth

ISBN 978-3-403-23349-7

www.persen.de

Band 3 vermittelt die dritte und letzte Stufe des systematischen Rechtschreibaufbaus mit dem Leitsatz **„Richtig schreiben von Beginn an"**.
In Band 1, der alphabetischen Stufe, wird das Alphabet in Groß- und Kleinbuchstaben mit **Mitsprechwörtern** eingeführt, also mit lautgetreuen Wörtern, die von den Schülern richtig geschrieben werden, wenn sie in der ‚Schreibsprache' deutlich ausgesprochen werden.
Band 2 widmet sich der orthografischen Stufe.
Auf dieser Stufe lernen die Schüler anhand von **Nachdenkwörtern** die Strategien des Verlängerns und des Ableitens.
Wörter, deren Richtigschreibung weder durch Mitsprechen noch durch Nachdenken erfasst werden kann, sind die in diesem Band aufgeführten **Merkwörter**. Sie müssen auswendig gelernt werden.

Wörter mit dem stummen Dehnungs-h

Die Wörter mit stummen Dehnungs-h sind sehr zahlreich. Das ‚h' in ‚Zahl', ‚Mehl', ‚fühlen' u. v. m. lässt sich nicht hörbar machen. In Wörtern wie ‚er geht' > ‚ge **hen**'; ‚Nähnadel' > ‚nä **hen**'; ‚Drehstuhl' > ‚dre hen' ist dies hingegen bei deutlicher Artikulation möglich.
Beim Auswendiglernen der Wörter mit dem stummen ‚h' kann die Erkenntnis hilfreich sein, dass das ‚h' immer vor **‚l'**, **‚m'**, **‚n'** und/oder **‚r'** steht. Einzige Ausnahme: die Fehde.
Das stumme Dehnungs-h kommt nie vor in Wörtern, die beginnen mit

- Sch, sch – Schule, schonen, schämen ...
- Qu, qu – Qual, quälen, quer ...
- T, t – Ton, Tal, Tor, betören ...
- Sp, sp – Spur, sparen, spülen ...
- Gr, gr und Kr, kr – Gram, grün, sich grämen, Krone, Kran ...

Lang gesprochenes [i], geschrieben ‚i'

8 von 10 Wörtern mit lang gesprochenem [i] werden mit ‚ie' geschrieben. Es sind etymologisch deutsche Wörter. Insofern ist das ‚ie' ein typisch deutsches Lautzeichen.
Das ‚ie' steht in offener Silbe[1]: gie ßen, krie chen, Sie ger usw. Oder aber es lässt sich eine offene Silbe finden: zierlich > zie ren, Gebiet > Gebie te. Ausnahmen: hier, niedlich, ziemlich, Stiefmutter, Schiedsrichter u. a.
In geschlossenen Silben[2] steht immer ein kurz gesprochenes ‚i': hin ter, Bil der, Kis te, blin zeln usw. (Merke: sind.)
Wörter mit lang gesprochenem [i], die mit **‚i'** geschrieben werden, sind Lehn- und Fremdwörter. Viele davon gehören zum Grundwortschatz und werden deshalb in den vorliegenden Übungen angeboten.

Starke Verben

Merksätze wie „Einmal ‚h', immer ‚h'" oder „Einmal doppelt, immer doppelt" führen zu Übergeneralisierungen, sodass Fehlschreibungen entstehen, wie z. B. *stahnd < stehen oder *kamm < kommen. Die vorliegenden Übungen stellen den Versuch dar, diese Fehlschreibungen in Zukunft zu verhindern. Gleichzeitig wird das, in der gesprochenen Sprache wenig gebräuchliche, Präteritum eingehend geübt.

Endung ‚-in' zur Bezeichnung weiblicher Berufe

Auch hier handelt es sich um auffallend häufige Fehlschreibungen. Einerseits wird in der Einzahl das ‚r' verdoppelt, weil es scheinbar doppelt gesprochen wird. Andererseits wird in der Mehrzahl oft das ‚n' nicht verdoppelt.

Zum Aufbau der Übungen

Die Übungseinheiten dieses Lehrwerks sind nach neuen Erkenntnissen aus der Gehirnforschung und über das Lernen konzipiert. Automatisierung des neuen Wissens wird durch ein systematisches, sinnvolles Schreib-Training erreicht. Gleichbleibende Wiederholungen sollten so oft eingesetzt werden, bis das Kind in 7-er Einheiten (+/–) die geübten Wörter aus dem Gedächtnis schreiben kann. Bewusstes, konzentriertes Üben ist nur gewährleistet, wenn jegliche Ablenkung vermieden wird. Deshalb sind alle Arbeitsblätter einfarbig und schmucklos gehalten.
Alle Übungen sind als Anleitung zum Richtigschrei-

[1] Eine Silbe ist offen, wenn sie mit einem Vokal / Umlaut oder Diphthong endet.

[2] Eine Silbe ist geschlossen, wenn sie mit einem Konsonanten endet.

ben zu verstehen: die Nullfehlergrenze wird durchgängig angestrebt, da Falschschreibungen die Automatisierung verlangsamen oder sogar verhindern. Deshalb befinden sich die Lösungen unmittelbar im Anschluss an die Aufgaben. Die Mühe des Nachschauens macht sich nur der Schüler, der nicht weiterweiß oder der seine Schreibweise/Lösung bestätigt haben möchte.

Hinweise zum Einsatz der Materialien

Die Lehrkraft sollte sich stets vergewissern, ob die Arbeitsanweisung vollkommen verstanden wurde und notfalls entsprechende Erklärungen geben, bevor mit dem Schreiben begonnen wird.
Es wird empfohlen, den Schülern das Ausfüllen der Arbeitsblätter in Zusammenarbeit mit dem Sitznachbarn oder in Gruppen zu ermöglichen.
Da die Lösungen zu jeder Aufgabe einsehbar sind, können die vorliegenden Übungsmaterialien gut in der Freiarbeit und auch als Hausaufgabe eingesetzt werden.

Die Aufgaben in der ersten Differenzierungsstufe sind mit  gekennzeichnet. Sie sollten von allen Schülern bearbeitet werden, da hier neue Wörter eingeführt werden. Als vertiefende Übungen sollten nach Erledigung der ersten Übungseinheit Aufgaben der zweiten  und dritten  Differenzierungsstufe bearbeitet werden, je nachdem, wie sicher ein Schüler schon ist.

Elke Loubier

Literatur

Arnold, Margret: ‚Kinder denken mit dem Herzen', Wie die Hirnforschung Lernen und Schule verändert, Beltz 2011

Ayres, A.Jean: ‚Bausteine der kindlichen Entwicklung', Springer-Verlag Berlin

Bauer, Joachim: ‚Lob der Schule', Hoffmann und Campe

Born, Armin, Oehler, Claudia: ‚Lernen mit Grundschulkindern', Kohlhammer

Breuer / Weuffen: ‚Lernschwierigkeiten am Schulanfang', Beltz praxis

Breuninger / Betz: ‚Jedes Kind kann schreiben lernen', Beltz Grüne Reihe

Czisch, Fee: ‚Kinder können mehr', Anders lernen in der Grundschule, Kunstmann

‚Das Grundschulwörterbuch', Dudenverlag

Dummer-Smoch / Hackethal: ‚Kieler Leseaufbau', Veris Verlag, Kiel

Dr. Gutezeit: ‚Intensives Lesetraining in Silbenschritten', 25226 Heikendorf

Haase, Peter (Hrsg.): ‚Schreiben und Lesen sicher lehren', Borgmann

Hentig, Hartmut v.: ‚ Bildung', Beltz Taschenbuch

Jansen-Streit: ‚Positiv lernen', Springer

Jansen, Heiner u. a.: ‚Bielefelder Screening für Früherkennung von Lese-Rechtschreibschwierigkeiten (BISC)', Hogrefe Göttingen

Kossow, H.-J.: ‚Das Lautoperationsverfahren (LWOP)', Verlag Dr. Winkler, Bochum

Küspert / Schneider: ‚Hören, lauschen, lernen', Würzburger Trainingsprogramm zur Vorbereitung auf den Erwerb der Schriftsprache, Vandenhoeck & Ruprecht

Milz, I.: ‚Neuropsychologie für Pädagogen', Borgmann

Milz, I.: ‚Sprechen, Lesen, Schreiben' Teilleistungsschwächen im Bereich der gesprochenen und geschriebenen Sprache, HVA / Edition Schindele

Plickat, H.-H.: ‚Deutscher Grundwortschatz', Beltz praxis

Reuter-Liehr, C.: ‚Lautgetreue Rechtschreibförderung', Verlag Dr. Winkler, Bochum

Schulte-Körne (Hrsg.): ‚Das Marburger Rechtschreibtraining', Verlag Dr. Winkler, Bochum

Schulte-Körne (Hrsg.): ‚Legasthenie und Dyskalkulie', Aktuelle Entwicklungen in Wissenschaft, Schule und Gesellschaft, Verlag Dr. Winkler, Bochum

Spitzer, Manfred: ‚Lernen', Spektrum

Spitzer, Manfred: ‚Vorsicht Bildschirm', Klett

Stolla, G.: ‚Rechtschreibunterricht mangelhaft?', Dieck-Verlag

Topsch, W.: ‚Grundkompetenz Schriftspracherwerb', BELTZ Pädagogik

Wedel-Wolff, A. von: ‚Üben im Rechtschreibunterricht', Westermann Praxis, Pädagogik

9 Wörter mit ‚aa‘ musst du auswendig lernen:

der **Staat** – das **Aas** – der **Saal** – die **Waage** – der **Aal** – das **Paar** (Schuhe) – das **Haar** – (ein) **paar** (Buntstifte in der Federtasche) – die **Saat**

Ordne die ‚aa-Wörter‘ alphabetisch.

1. der ______________	4. das ______________	7. die ______________
2. das ______________	5. --- ______________	8. der ______________
3. das ______________	6. der ______________	9. die ______________

Lösung: 1. der Aal – 2. das Aas – 3. das Haar – 4. das Paar – 5. paar – 6. der Saal – 7. die Saat
8. der Staat – 9. die Waage

Bilde die Mehrzahl (Plural).

1. der **Aa**l – die ______________________
2. das Haar – die ______________________
3. das Paar – die ______________________
4. der Saal – die ____________________ (!)
5. die Saat – die ______________________
6. der Staat – die ______________________
7. die Waage – die ______________________

Lösung: 1. die Aale – 2. die Haare – 3. die Paare – 4. die **Säle** – 5. die Saaten – 6. die Staaten – 7. die Waagen

Eine „aa-Geschichte“ zum Auswendiglernen der Merkwörter:

Ich kenne einen **Staat**. Dort gibt es einen großen **Saal**, in dem ein (Liebes-)**Paar** tanzt. Sie hat wunderschönes **Haar**. Am Eingang des Saales steht eine **Waage**. Eine Schale der Waage ist voller **Saat**körner, ein **paar** davon sind auf die Erde gefallen. In der anderen Schale liegt ein **Aal**. Der ist leider tot, also ein **Aas.**

Bilde zusammengesetzte Wörter.

1. Aal-, -aal Wiederholung (2-mal)

die Aal suppe die Aalsuppe ______

der Räucher ______ ______ ______

2. Aas-

der ______ geier ______ ______

der ______ fresser ______ ______

die ______ blume ______ ______

3. Haar-

die ______ farbe ______ ______

die ______ nadel ______ ______

der ______ trockner ______ ______

4. Paar

ein ______ Schuhe ______ ______

ein ______ Strümpfe ______ ______

5. paar (einige)

ein ______ Leute ______ ______

ein ______ Tage ______ ______

6. Saal-

die ______ miete ______ ______

die ______ wette ______ ______

7. Saat-

das ______ gut ______ ______

das ______ korn ______ ______

8. Staats-

der ______ bürger ______ ______

das ______ examen ______ ______

15 Wörter mit ‚ee' musst du auswendig lernen:

der **Speer** – die **Geest** – das **Reet*** – das **Beet** – die **Fee** – die **Beere** – der **See** – der **Tee** – der **Klee** – der **Schnee** – das **Heer** – das **Meer** – die **Seele** – der **Teer** – **leer**

* norddeutsche Bezeichnung für Ried

Ordne die ‚ee-Wörter' alphabetisch.

1. die ________	6. der ________	11. der ________
2. das ________	7. --- ________	12. die ________
3. die ________	8. das ________	13. der ________
4. die ________	9. das ________	14. der ________
5. das ________	10. der ________	15. der ________

Lösung: 1. die Beere – 2. das Beet – 3. die Fee – 4. die Geest – 5. das Heer – 6. der Klee – 7. leer – 8. das Meer – 9. das Reet – 10. der Schnee – 11. der See – 12. die Seele – 13. der Speer – 14. der Tee – 15. der Teer

Bilde die Mehrzahl (Plural).

1. die Beere – die ________	5. das Meer – die ________
2. das Beet – die ________	6. der See – die ________
3. die Fee – die ________	7. der Speer – die ________
4. das Heer – die ________	8. der Tee – die ________

Lösung: 1. die Beeren – 2. die Beete – 3. die Feen – 4. die Heere – 5. die Meere – 6. die Seen – 7. die Speere – 8. die Tees

Eine „ee-Geschichte" zum Auswendiglernen der Merkwörter:

Es war einmal eine schöne **Fee**. Sie lebte in einem **Reet**dachhaus auf der **Geest**. Hinter ihrem Haus gab es einen kleinen **See**, der durch einen Kanal mit dem **Meer** verbunden war. Vor dem Haus hatte die Fee schöne **Beete** angelegt und Sträucher mit vielen verschiedenen **Beeren** gepflanzt. Aus einigen davon braute die Fee sich oft einen **Tee**. Im Sommer wuchs auf den Wiesen neben ihrem Haus weißer **Klee** und im Winter lag darauf weißer **Schnee**. – Eines Tages überfiel ein großes **Heer**, mit **Speeren** bewaffnet, diese friedliche Gegend und verwüstete sie. Seitdem steht das Haus der Fee **leer**, denn die Fee lebt nicht mehr. Ihre **Seele** ist im Himmel. Nun plant man hier eine breite **Teer**straße.

Bilde zusammengesetzte Wörter.

1. -beere — Wiederholung (2-mal)

die Him beere ______ die Himbeere ______ ______

die Erd______ ______ ______

2. -beet

das Blumen______ ______ ______

das Gemüse______ ______ ______

3. -fee

die Märchen______ ______ ______

die Glücks______ ______ ______

4. -klee

der Glücks______ ______ ______

der Wiesen______ ______ ______

5. -meer

das Welt______ ______ ______

das Mittel______ ______ ______

6. Schnee-

der ______mann ______ ______

die ______flocke ______ ______

7. Tee-

der ______beutel ______ ______

das ______sieb ______ ______

8. Teer-

die ______straße ______ ______

das ______fass ______ ______

9. Speer-

der ______werfer ______ ______

6 Wörter mit ‚oo‘ musst du auswendig lernen:

das **Boot** – der **Koog** – das **Moor** – das **Moos** – der **Zoo** – **doof**

Finde die Bedeutung der 6 Wörter heraus.

1. eingedeichtes Land ______________________
2. Wie-Wort (Adjektiv): ugs. für dumm, einfältig ______________________
3. immergrüne Pflanzen ohne echte Wurzeln ______________________
4. Tiergarten ______________________
5. Bildungs- und Lagerstätten von Torf ______________________
6. Wasserf**ah**rzeug ______________________

Lösung: 1. Koog – 2. doof – 3. Moos – 4. Zoo – 5. Moor – 6. Boot

Eine „oo-Geschichte“ zum Auswendiglernen der Merkwörter:

Ich kenne einen **doofen Zoo**direktor. Er wohnt in einem **Koog***. Er besitzt einen Swimming-**Pool***. Darauf schwimmt ein **Boot**. Aber der Pool ist ungepflegt: der Boden und die Wände des Pools sind voll von **Moor** und **Moos**.

* Die Wörter „Koog“ und „Pool“ gehören nicht zum Grundwortschatz.

Bilde zusammengesetzte Wörter.

1. -boot — Wiederholung (2-mal)

das Segel boot ______ das Segelboot ______ ______

das Motor______ ______ ______

2. Moor-, -moor

die ______leiche ______ ______

das Hoch______ ______ ______

3. Zoo-

der ______besucher ______ ______

die ______handlung ______ ______

8 Wörter mit ‚ahl‘ musst du auswendig lernen:

die **Zahl** – der **Stahl** – das **Mahl** – der **Strahl** – die **Wahl** – der **Pfahl** – **prahlen*** – **kahl**

* Der Prahlhans = Wichtigtuer, Angeber

Ordne die ‚ahl-Wörter‘ alphabetisch.

1. ______________________ 5. ______________________
2. ______________________ 6. ______________________
3. ______________________ 7. ______________________
4. ______________________ 8. ______________________

Lösung: 1. kahl – 2. das Mahl – 3. der Pfahl – 4. prahlen – 5. der Stahl – 6. der Strahl – 7. die Wahl – 8. die Zahl

Bilde zusammengesetzte Wörter. Schreibe das ganze Wort noch einmal.

(1) Kahl-, (2) Mahl-, (3) Pfahl-, (4) Wahl-, (5) -zahl, (6) -mahl, (7) -strahl, (8) -stahl

1. der ______ Kahl ______ kopf
1. der Kahlkopf

2. die ______________________ zeit
2. ______________________

3. der ______________________ bau
3. ______________________

4. die ______________________ urne
4. ______________________

5. die Lotto ______________________
5. ______________________

6. das Abend ______________________
6. ______________________

7. der Sonnen ______________________
7. ______________________

8. der Edel ______________________
8. ______________________

Erfinde eine Geschichte zum Auswendiglernen mit den 8 ‚ahl-Wörtern‘. Schreibe sie auf.

5 Wörter mit ‚ahm‘ musst du auswendig lernen:

lahm – zahm – nachahmen – der **Rahm** (Sahne) – der **Rahmen**

Schreibe die Sätze ab.
Forme dann jeden Satz in eine Frage um.

1. lahm / lahmen

Unser Hund hat ein **lahmes** Bein. ______________________________.

Hat unser Hund ______________________________?

Das Pferd hat sich beim Springen verletzt. Jetzt **lahmt** es.

______________________________.

Hat das Pferd sich ______________________________?

Lahmt ______________________________?

2. zahm / zähmen

Haustiere sind **zahme** Tiere. ______________________________.

______________________________?

Cowboys können Wildpferde **zähmen**.

______________________________.

______________________________?

3. nachahmen (nachmachen, nachäffen)

Sina **ahmt** ihren Bruder beim Eis essen nach.

______________________________.

______________________________?

4. der **Rahm** (Sahne)

Auf frischer Milch bildet sich immer eine Schicht **Rahm**.

______________________________.

______________________________?

Lösung: 1. Hat unser Hund ein lahmes Bein? Hat das Pferd sich beim Springen verletzt? Lahmt es jetzt?
2. Sind Haustiere zahme Tiere? – Können Cowboys Wildpferde zähmen?
3. Ahmt Sina ihren Bruder beim Eisessen nach? – 4. Bildet sich immer eine Schicht Rahm auf frischer Milch?

Erfinde eine Geschichte zum Auswendiglernen mit diesen 5 Wörtern.
Schreibe sie auf.

10 Wörter mit ‚ahn' musst du auswendig lernen:

die **Bahn** – die **Fahne** – der **Hahn** – der **Kahn** – die **Sahne** – der **Zahn** – **ahnen** – (er)**mahnen** – **fahnden** – **wahn**sinnig

Bilde die Mehrzahl (Plural).

° = **‚a'** wird zu **‚ä'**

1. die Bahn → die ____________
2. die Fahne → die ____________
3. der °Hahn → die ____________
4. der °Kahn → die ____________
5. der °Zahn → die ____________

Lösung: 1. die Bahnen – 2. die Fahnen – 3. die Hähne – 4. die Kähne – 5. die Zähne

Bilde zusammengesetzte Wörter.

	Wiederholung
1. Sahne-, -sahne	
die Sahne torte	____________
die Kaffee____________	____________
2. Bahn-, -bahn	
die ____________fahrt	____________
die Auto____________	____________
3. Fahnen-, -fahne	
die ____________stange	____________
die Wetter____________	____________
4. -hahn	
der Wasser ____________	____________
der Trut____________	____________
5. Zahn-, -zahn	
der ____________arzt	____________
der Schneide____________	____________

Lösung: 1. die Sahnetorte – die Kaffeesahne 2. die Bahnfahrt – die Autobahn 3. die Fahnenstange – die Wetterfahne 4. der Wasserhahn – der Truthahn 5. der Zahnarzt – der Schneidezahn

1. Setze das Verb in der richtigen Personalform ein. Schreibe dann den ganzen Satz ab.

2. Setze das Nomen ein. Schreibe dann den ganzen Satz ab.

1. fahnden Die Polizei ____________________ nach dem Brandstifter.

1. Fahndung Die ____________________ war erfolgreich.

2. ermahnen Im Schwimmbad ____________________ der Lehrer die Schüler, nicht ins Wasser zu springen.

2. Ermahnung Jan hat sich nicht an die ____________________ gehalten.

3. ahnen Der Wanderer ____________, dass ein Gewitter naht und bringt sich schnell in Sicherheit.

3. Ahnung Die Schüler hatten keine ____________________, dass sie ein Diktat schreiben sollten.

4. wahnsinnig, e Jan freut sich ____________________ auf das Fußballspiel.
Der Kranke hat ____________________ Schmerzen.

Lösung: 1. Die Polizei fahndet nach dem Brandstifter. 2. Im Schwimmbad ermahnt der Lehrer die Schüler, … 3. Der Wanderer ahnt, dass ein Gewitter naht … 4. Jan freut sich wahnsinnig auf das Fußballspiel. Der Kranke hat wahnsinnige Schmerzen.

6 Wörter mit ‚ahr‘ musst du auswendig lernen:

die **Bahre** – das **Jahr** – die **Nahrung** – **aufbewahren** – **fahren** – **wahr**

Setze das ‚ahr-Wort‘ ein.
Schreibe dann den ganzen Satz ab.

1. (die) **Bahre** — Der verletzte Fußballer wird auf einer ____________ vom Feld getragen.

   ____

   ____.

2. (das) **Jahr** — Im letzten ________ gab es ein schlimmes Erdbeben in der Türkei.

   ____

   ____.

3. (die) **Nahrung** — Menschen und Tiere können ohne ____________ nicht leben.

   ____

   ____.

4. **aufbewahren** — Wir müssen unsere Schulzeugnisse unbedingt ____________.

   ____

   ____.

5. **fahren** — In den Sommerferien ____________ wir dieses Jahr nach Dänemark.

   ____

   ____.

6. **wahr** — Wenn eine Geschichte nicht gelogen ist, ist sie ____________.

   ____

   ____.

Erfinde eine Geschichte zum Auswendiglernen der 6 ‚ahr-Wörter‘.
Schreibe sie auf.

____

Setze ein: ‚a‘, ‚aa‘ oder ‚ah‘.
Immer wenn du ‚aa‘ oder ‚ah‘ einsetzt, wirst du auch das Merkwort dazu finden.

		Wiederholung des ganzen Wortes	Wie heißt das Merkwort?
1. der Bilderr......men	→	der Bilderrahmen	der Rahmen
2. die L......dentür	→	die Ladentür	---
3. das Ehep......r	→	das ______	das ______
4. der H......senbr......ten	→	der ______	---
5. der W......rsager	→	der ______	______
6. die T......lsperre	→	die ______	---
7. die Küchenw......ge	→	die ______	die ______

Lösung: 3. das Ehepaar, das Paar 4. der Hasenbraten 5. der Wahrsager, wahr 6. die Talsperre, 7. die Küchenwaage, die Waage

Welches zusammengesetzte Wort gehört zu dem Merkwort?

das Paar – das ______ (3) der Rahmen – der ______ (1)

wahr – der ______ (5) die Waage – die ______ (7)

Setze ein: ‚a‘, ‚aa‘ oder ‚ah‘.

		Wiederholung des ganzen Wortes	Wie heißt das Merkwort?
8. die Autof......rt	→	die ______	______
9. der Kinderw......gen	→	der ______	---
10. der Holzst......pel	→	der ______	---
11. das Kopfh......r	→	das ______	das ______
12. der Wasserstr......l	→	der ______	der ______
13. der M......lk.....sten	→	der ______	---
14. das S......tgut	→	das ______	die ______

Lösung: 8. die Autofahrt, fahren 9. der Kinderwagen 10. der Holzstapel 11. das Kopfhaar, das Haar 12. der Wasserstrahl, der Strahl 13. der Malkasten 14. das Saatgut, die Saat

Setze ein: ‚a‘, ‚aa‘ oder ‚ah‘.
Immer wenn du ‚aa‘ oder ‚ah‘ einsetzt, wirst du auch das Merkwort dazu finden.

		Wiederholung des ganzen Wortes	Wie heißt das Merkwort?
1. das Festm......l	→	das Festmahl	das Mahl
2. der W......lsieger	→	der ______	die ______
3. der W......lfänger	→	der ______	---
4. der Z......arzt	→	der ______	der ______
5. der F......nenträger	→	der ______	die ______
6. das W......renl......ger	→	das ______	---
7. der S......nebonbon	→	der ______	die ______

Lösung: 2. der Wahlsieger, die Wahl 3. der Walfänger 4. der Zahnarzt 5. der Fahnenträger, die Fahne
6. Das Warenlager 7. der Sahnebonbon, die Sahne

Welches zusammengesetzte Wort gehört zu dem Merkwort?

das Mahl – das ______________________ (1)

die Wahl – der ______________________ (2)

die Sahne – der ______________________ (7)

die Fahne – der ______________________ (5)

Setze ein: ‚a‘, ‚aa‘ oder ‚ah‘.

		Wiederholung des ganzen Wortes	Wie heißt das Merkwort?
8. der Räucher......l	→	der Räucheraal	der Aal
9. der K......n.....lbau	→	der ______	---
10. die Z......nlücke	→	die ______	der ______
11. die Babyn......rung	→	die ______	die ______
12. das Sp......rbuch	→	das ______	---
13. der J......rmarkt	→	der ______	das ______
14. das B....rgeld	→	das ______	---

Lösung: 8. der Räucheraal, der Aal 9. der Kanalbau 10. die Zahnlücke, der Zahn 11. die Babynahrung, die Nahrung 12. das Sparbuch 13. der Jahrmarkt, das Jahr 14. das Bargeld

Welches zusammengesetzte Wort gehört zu dem Merkwort?

die Nahrung – die ______________________ (11)

das Jahr – der ______________________ (13)

der Aal – der ______________________ (8)

der Zahn – die ______________________ (5)

Versteckt sind:
Nomen: Bahn, Bahre, Fahne, Hahn, Jahr, Kahn, Mahl, Nahrung, Pfahl, Rahm, Rahmen, Sahne, Stahl, Strahl, Wahl, Zahl, Zahn
Verben: ahnen, aufbewahren, ermahnen, fahnden, fahren, nachahmen, prahlen
Adjektive: lahm, wahnsinnig, wahr, zahm

Die Wörter können waagerecht, senkrecht, diagonal und rückwärts gelesen werden.

G	Q	U	N	E	R	H	A	W	E	B	F	U	A
W	A	X	E	M	G	T	Z	P	Ä	L	Ö	Q	M
A	C	Y	N	A	H	R	U	N	G	L	E	C	F
H	Q	R	H	K	J	H	G	F	D	S	N	E	A
N	B	Z	A	H	N	C	L	H	A	Z	H	R	H
S	Z	H	M	T	F	D	S	W	B	J	A	H	N
I	B	M	R	H	U	L	H	A	R	T	S	A	D
N	V	N	E	M	H	A	R	J	I	O	P	B	E
N	E	M	H	A	H	C	A	N	M	P	Z	L	N
I	G	B	V	C	D	R	Z	E	Y	R	K	L	Q
G	D	G	F	A	H	R	E	N	U	A	B	H	R
U	L	A	H	M	I	A	O	H	Ü	H	C	A	J
E	N	H	A	F	L	H	W	A	H	L	V	F	A
W	R	A	G	T	Q	M	A	J	L	E	W	P	H
M	A	H	L	J	Z	A	H	M	P	N	U	Z	R
H	J	N	Q	I	O	N	R	Ö	B	A	H	N	V
R	G	N	J	S	T	A	H	L	M	N	H	A	K

Versteckt sind:
Nomen: Bahn, Bahre, Fahne, Hahn, Jahr, Kahn, Mahl, Nahrung, Pfahl, Rahm, Rahmen, Sahne, Stahl, Strahl, Wahl, Zahl, Zahn
Verben: ahnen, aufbewahren, ermahnen, fahnden, fahren, nachahmen, prahlen
Adjektive: lahm, wahnsinnig, wahr, zahm

Die Wörter können waagerecht, senkrecht, diagonal und rückwärts gelesen werden.

G	Q	U	N	E	R	H	A	W	E	B	F	U	A
W	A	X	E	M	G	T	Z	P	Ä	L	Ö	Q	M
A	C	Y	N	A	H	R	U	N	G	L	E	C	F
H	Q	R	H	K	J	H	G	F	D	S	N	E	A
N	B	Z	A	H	N	C	L	H	A	Z	H	R	H
S	Z	H	M	T	F	D	S	W	B	J	A	H	N
I	B	M	R	H	U	L	H	A	R	T	S	A	D
N	V	N	E	M	H	A	R	J	I	O	P	B	E
N	E	M	H	A	H	C	A	N	M	P	Z	L	N
I	G	B	V	C	D	R	Z	E	Y	R	K	L	Q
G	D	G	F	A	H	R	E	N	U	A	B	H	R
U	L	A	H	M	I	A	O	H	Ü	H	C	A	J
E	N	H	A	F	L	H	W	A	H	L	V	F	A
W	R	A	G	T	Q	M	A	J	L	E	W	P	H
M	A	H	L	J	Z	A	H	M	P	N	U	Z	R
H	J	N	Q	I	O	N	R	Ö	B	A	H	N	V
R	G	N	J	S	T	A	H	L	M	N	H	A	K

6 Wörter mit ‚ehl' musst du auswendig lernen:

die **Kehle** – das **Mehl** – **befehlen – empfehlen – fehlen – stehlen**

Ordne folgenden Nomen die Verben zu.

1. der Fehler – ____________________
2. die Empfehlung – ____________________
3. der Befehl – ____________________
4. der Diebstahl – ____________________

Lösung: 1. fehlen – 2. empfehlen – 3. befehlen – 4. stehlen

Bilde zusammengesetzte Wörter.

1. -mehl Wiederholung (2-mal)

das Weizen__________ ____________________ ____________________

das Reis__________ ____________________ ____________________

2. -kehle, Kehl(e)

die Knie__________ ____________________ ____________________

der __________ kopf ____________________ ____________________

Eine ‚ehl-Geschichte' zum Auswendiglernen der Merkwörter.
Eines der 6 ‚ehl-Wörter' passt jeweils in die Lücke.

Das Brot unseres Bäckers ist sehr zu ____________________ (1). Das ____________________ (2) ist fein, und an guten Zutaten lässt er es nicht ____________________ (3). Man darf dem Bäcker nichts ____________________ (4) und ihm auch nichts ____________________ (5), sonst geht er einem an die ____________________ (6).

Lösung: (1) empfehlen – (2) Mehl – (3) fehlen – (4) befehlen – (5) stehlen – (6) Kehle

5 Wörter mit ‚ehm' musst du auswendig lernen:

der **Lehm – nehmen – genehmigen – angenehm – vornehm**

Setze ein. Wiederhole dann den ganzen Satz.

1. angenehm

Aus der Küche kam ein ______________________ er Geruch.

____.

2. vornehm

Wenn Menschen sehr elegant gekleidet sind, sagt man auch:

Sie sind sehr ______________________ gekleidet.

____.

3. nehmen

Wir ______________________ in die Ferien immer unsere Kuscheltiere mit.

____.

4. genehmigen / (die) Genehmigung

Wenn ein Schüler die Schule vor Schulschluss verlassen will, muss das der

Klassenlehrer ______________________, denn der Schüler braucht

die ______________________ des Klassenlehrers.

____

____

____.

Bilde zusammengesetzte Wörter.

Lehm Wiederholung (2-mal)

1. der Lehm boden der Lehmboden ______________
2. die ______________ hütte ______________ ______________

Ein ‚ehm-Satz' zum Auswendiglernen der Merkwörter:

Vorn**ehm**e Leute n**ehm**en angen**ehm**e **Lehm**bäder mit Gen**ehm**igung des Arztes.

5 Wörter mit ‚ehn‘ musst du auswendig lernen:

die **Sehne – dehnen –** (sich) **lehnen –** (sich) **sehnen – zehn**

Bilde zusammengesetzte Wörter.

1. -sehne — Wiederholung (2-mal)

die Bogen sehne ______ die Bogensehne ______ ______

die Achilles ______ ______ ______

2. -lehne, Lehn(e)-

die Stuhl ______ ______ ______

der ______ stuhl ______ ______

3. Zehn-, zehn-

das ______ eck ______ ______

______ fach ______ ______

4. -dehnen, dehn-

aus ______ ______ ______

______ bar ______ ______

5. Sehn-, sehn-

die ______ sucht ______ ______

______ süchtig ______ ______

Lösung: 1. die Bogensehne – die Achillessehne 2. die Stuhllehne – der Lehnstuhl – 3. das Zehneck – zehnfach 4. ausdehnen – dehnbar 5. die Sehnsucht – sehnsüchtig

Eine ‚ehn-Geschichte‘ zum Auswendiglernen der Merkwörter:

Ein Sportler mit **zehn** über**dehnten Sehnen lehnt** sich an den Reckpfosten und **sehnt** sich nach Heilung (nach Trost durch seine Freundin).

Setze die 5 Merkwörter ein.

Ein Sportler mit ______ über ______ ______

______ sich an den Reckpfosten und ______ sich nach Heilung.

8 Wörter mit ‚ehr' musst du auswendig lernen:

entbehren – lehren – verehren – vermehren – (sich) **wehren –**
der Verkehr – (verkehrt) – mehr – sehr

Setze ein. Wiederhole dann den ganzen Satz.

1. entbehren

Menschen, die in Armut leben, müssen viel ______________________ (können viele Dinge nicht haben).

____

____.

2. lehren

Ein Schüler sagt: „Lehrer, die uns unterrichten, ____________________ uns etwas, bringen uns etwas bei."

____

____.

3. verehren

Die Fußballjungen ______________________________ ihren Trainer.

____.

4. vermehren

Hasen und Kaninchen ____________________________ sich sehr schnell: 4 bis 5-mal im Jahr werden Junge geboren.

____

____.

5. wehren

Wer angegriffen wird, darf sich ______________________________.

____.

Bilde zusammengesetzte Wörter.

1. Mehr-, mehr- Wiederholung (2-mal)

die Mehr heit die Mehrheit ______ ______

______ mals ______ ______

2. Verkehrs-

der ______ unfall ______ ______

das ______ zeichen ______ ______

3. -verkehr

der Kreis ______ ______ ______

der Berufs ______ ______ ______

4. -wehr

die Feuer ______ ______ ______

die Bundes ______ ______ ______

5. -gewehr

das Luft ______ ______ ______

das Jagd ______ ______ ______

6. Lehr-

der ______ ling ______ ______

das ______ jahr ______ ______

7. sehr, mehr

Wer viel lernt, kann schnell ______ viel ______ wissen als seine Mitschüler.

Lösung: 1. mehrmals 2. der Verkehrsunfall, das Verkehrszeichen 3. der Kreisverkehr, der Berufsverkehr 4. die Feuerwehr, die Bundeswehr 5. das Luftgewehr, das Jagdgewehr 6. der Lehrling, das Lehrjahr 7. Wer viel lernt, kann schnell sehr viel mehr wissen als seine Mitschüler.

Erfinde eine ‚ehr-Geschichte' zum Auswendiglernen der 8 Wörter.

Setze ein: ‚e', ‚ee' oder ‚eh'.
Immer wenn du ‚ee' oder ‚eh' einsetzt, wirst du auch das Merkwort dazu finden.

		Wiederholung des ganzen Wortes	Wie heißt das Merkwort?
1. der Schn......fall	→	der Schneefall	der Schnee
2. der Kam......lreiter	→	der ______	---
3. die Entb......rung	→	die ______	______
4. das Rotk......lchen	→	das ______	die ______
5. das Abendg......b......t	→	das ______	---
6. das L......rgut	→	das ______	______
7. das L......rerzimmer	→	das ______	______

Welches zusammengesetzte Wort gehört zu dem Merkwort?

leer – das ______________________ (6)
die Kehle – das ______________________ (4)
entbehren – die ______________________ (3)
lehren – das ______________________ (7)

Setze ein: ‚e', ‚ee' oder ‚eh'.

		Wiederholung des ganzen Wortes	Wie heißt das Merkwort?
8. die M......renge	→	die ______	das ______
9. der Fußsch......mel	→	der ______	---
10. der Marschbef......l	→	der ______	______
11. die Nagelsch......re	→	die ______	---
12. der Sp......rwurf	→	der ______	der ______
13. die Empf......lung	→	die ______	______
14. die L......selampe	→	die ______	---

Welches zusammengesetzte Wort gehört zu dem Merkwort?

empfehlen – die ______________________ (13)
der Speer – der ______________________ (12)
das Meer – die ______________________ (8)
befehlen – der ______________________ (10)

Setze ein: ‚e', ‚ee' oder ‚eh'.
Immer wenn du ‚ee' oder ‚eh' einsetzt, wirst du auch das Merkwort dazu finden.

		Wiederholung des ganzen Wortes	Wie heißt das Merkwort?
1. der L......mboden	→	der Lehmboden	der Lehm
2. das Weizenm......l	→	das ________	das ________
3. der Brath......ring	→	der ________	---
4. die Stuhll......ne	→	die ________	________
5. die Feuerw......r	→	die ________	________
6. der R......genguss	→	der ________	---
7. die Himb......re	→	die ________	die ________

Welches zusammengesetzte Wort gehört zu dem Merkwort?

die Beere – die ________________ (7)
lehnen – die ________________ (4)
wehren – die ________________ (5)
das Mehl – das ________________ (2)

Setze ein: ‚e', ‚ee' oder ‚eh'.

		Wiederholung des ganzen Wortes	Wie heißt das Merkwort?
8. der S......nenriss	→	der ________	die ________
9. das Kl......beband	→	das ________	---
10. die F......lerzahl	→	die ________	________
11. die Ver......rung	→	die ________	________
12. die Besch......rung	→	die ________	---
13. der T......beutel	→	der ________	der ________
14. das Verk......rsschild	→	das ________	der ________

Welches zusammengesetzte Wort gehört zu dem Merkwort?

verehren – die ________________ (11)
die Sehne – der ________________ (8)
der Verkehr – das ________________ (14)
der Tee – der ________________ (13)
fehlen – die ________________ (10)

Versteckt sind:
Nomen: Fehler, Kehle, Lehm, Lehne, Lehrer, Mehl, Sehne, Verkehr
Verben: befehlen, dehnen, entbehren, genehmigen, stehlen, verehren, vermehren, (sich) wehren
Andere Wortarten: angenehm, sehr, verkehrt, vornehm, zehn

Die Wörter können waagerecht, senkrecht, diagonal und rückwärts gelesen werden.

G	E	N	E	H	M	I	G	E	N	P	O	M
B	N	E	R	H	E	K	R	E	V	J	V	Ä
M	T	U	F	N	E	R	H	E	M	R	E	V
Z	B	J	K	I	O	P	Z	K	I	M	R	Q
R	E	L	H	E	F	P	E	E	C	H	K	O
M	H	L	T	R	E	O	H	H	W	E	E	Y
V	R	H	N	J	H	T	N	L	B	N	H	V
Q	E	E	O	P	L	R	H	E	M	R	R	N
W	N	M	K	S	E	H	R	Z	U	O	T	E
W	E	H	R	E	N	V	Q	N	Y	V	R	L
N	E	L	H	E	T	S	L	E	H	M	S	H
D	E	H	N	E	N	E	N	H	E	L	E	E
C	A	N	G	E	N	E	H	M	B	G	H	F
J	Z	N	E	R	H	E	R	E	V	A	N	E
L	E	H	R	E	R	V	B	N	U	O	E	B

Versteckt sind:
Nomen: Fehler, Kehle, Lehm, Lehne, Lehrer, Mehl, Sehne, Verkehr
Verben: befehlen, dehnen, entbehren, genehmigen, stehlen, verehren, vermehren, (sich) wehren
Andere Wortarten: angenehm, sehr, verkehrt, vornehm, zehn

Die Wörter können waagerecht, senkrecht, diagonal und rückwärts gelesen werden.

G	E	N	E	H	M	I	G	E	N	P	O	M
B	N	E	R	H	E	K	R	E	V	J	V	Ä
M	T	U	F	N	E	R	H	E	M	R	E	V
Z	B	J	K	I	O	P	Z	K	I	M	R	Q
R	E	L	H	E	F	P	E	E	C	H	K	O
M	H	L	T	R	E	O	H	H	W	E	E	Y
V	R	H	N	J	H	T	N	L	B	N	H	V
Q	E	E	O	P	L	R	H	E	M	R	R	N
W	N	M	K	S	E	H	R	Z	U	O	T	E
W	E	H	R	E	N	V	Q	N	Y	V	R	L
N	E	L	H	E	T	S	L	E	H	M	S	H
D	E	H	N	E	N	E	N	H	E	L	E	E
C	A	N	G	E	N	E	H	M	B	G	H	F
J	Z	N	E	R	H	E	R	E	V	A	N	E
L	E	H	R	E	R	V	B	N	U	O	E	B

7 Wörter mit ‚ohl' musst du auswendig lernen:

das **Fohlen** – der **Kohl** – die **Kohle** – die **Sohle** – **johlen** – **hohl** – **wohl**

Setze in die Lücken das Wort ‚Fohlen' ein.

Das ________________ ist ein Hauspferd, das noch kein Jahr als ist. Nach der Geburt liegen Stute und ________________ noch eine Zeit lang auf dem Boden. Danach steht das ________________ das erste Mal auf eigenen wackligen Beinen.

Setze ein. Wiederhole dann den ganzen Satz.

Setze **johlend** (laut schreien – jauchzen – jubeln) ein.

Die Fußballfans verlassen ________________ das Stadion.

____

Bilde zusammengesetzte Wörter. Schreibe dann das ganze Wort.

Setze **-kohl** ein.

1. der Rot kohl ____________ 2. der Weiß ____________ 3. der Grün ____________

1. ____________ 2. ____________ 3. ____________

Setze **-kohle** ein.

1. die Stein ____________ 2. die Braun ____________ 3. die Holz ____________

1. ____________ 2. ____________ 3. ____________

Setze **-sohle** ein.

1. die Schuh ____________ 2. die Fuß ____________ 3. die Gummi ____________

1. ____________ 2. ____________ 3. ____________

Eine ‚ohl-Geschichte' zum Auswendiglernen der Merkwörter:

Eine Dohle*, schwarz wie **Kohle**, sitzt auf einer **hohlen** Bohle°, frisst **Kohl** und fühlt sich **wohl.** Kommt ein **Fohlen** auf leisen **Sohlen** und beide **johlen** vor Freude über das Wiedersehen.

* Nicht im Grundwortwortschatz: **Dohle** = schwarzer Rabenvogel; **Bohle** – starkes dickes Brett

7 Wörter mit ‚ohn‘ musst du auswendig lernen:

die **Bohne** – der **Hohn** – der **Lohn** – der **Mohn** – der **Sohn** – **ohne** – **wohnen**

Bilde zusammengesetzte Wörter. Schreibe dann das ganze Wort.

Setze **-bohne** ein.

1. die Busch bohne ______ 2. die Brech ______ 3. die Soja ______

1. die Buschbohne ______ 2. ______ 3. ______

Setze **-lohn** ein.

1. der Tage ______ 2. der Tarif ______ 3. der Finder ______

1. ______ 2. ______ 3. ______

Setze **-mohn** ein.

1. der Feld ______ 2. der Acker ______ 3. der Schlaf ______

1. ______ 2. ______ 3. ______

Setze **-sohn** ein.

1. der Enkel ______ 2. der Stief ______ 3. der Pflege ______

1. ______ 2. ______ 3. ______

Setze **Wohn-** ein.

1. das ______ mobil 2. der ______ ort 3. der ______ wagen

1. ______ 2. ______ 3. ______

Eine ‚ohn-Geschichte‘ zum Auswendiglernen der Merkwörter:

In einer ärmlichen Hütte – mitten in einem **Mohn**feld – **wohnt** ein Königs**sohn**. Er ist leider ‚dumm wie **Bohnen**stroh‘ und sehr faul. Deshalb ist er **ohne Lohn** und erntet von allen nur **Hohn** und Spott.

3 Wörter mit ‚ohr‘ musst du auswendig lernen:

das **Ohr** – das **Rohr** – **bohren** (der **Bohrer**)

Eine ‚ohr-Geschichte‘ zum Auswendiglernen der Merkwörter:

Ich kenne einen Menschen, der sich ein kleines **Rohr** durchs **Ohr** **gebohrt** hat.

Setze ein: ‚o', ‚oo' oder ‚oh'.
Immer wenn du ‚oo' oder ‚oh' einsetzt, wirst du auch das Merkwort dazu finden.

		Wiederholung des ganzen Wortes	Wie heißt das Merkwort?
1. der H......lraum	→	der Hohlraum	der hohl
2. die Badeh......se	→	die ______	---
3. das Torfm......r	→	das ______	das ______
4. der Schm......rbraten	→	der ______	---
5. die B......nensuppe	→	die ______	die ______
6. der Schlagb......rer	→	der ______	______
7. der Stiefs......n	→	der ______	der ______

Welches zusammengesetzte Wort gehört zu dem Merkwort?

bohren – der ______ (6)
der Sohn – der ______ (7)
das Moor – das ______ (3)
die Bohne – die ______ (5)

Setze ein: ‚o', ‚oo' oder ‚oh'.

		Wiederholung des ganzen Wortes	Wie heißt das Merkwort?
8. die Erh......lung	→	die ______	---
9. die Schuhs......le	→	die ______	die ______
10. der W......lstand	→	der ______	______
11. der Südp......l	→	der ______	---
12. der R......rbruch	→	der ______	das ______
13. das Str......mkabel	→	das ______	---
14. das W......nhaus	→	das ______	______

Welches zusammengesetzte Wort gehört zu dem Merkwort?

wohnen – das ______ (14)
das Rohr – der ______ (12)
die Sohle – die ______ (9)
wohl – der ______ (10)

Setze ein: ‚o‘, ‚oo‘ oder ‚oh‘.
Immer wenn du ‚oo‘ oder ‚oh‘ einsetzt, wirst du auch das Merkwort dazu finden.

		Wiederholung des ganzen Wortes	Wie heißt das Merkwort?
1. die M......sart	→	der Moosart	das Moos
2. die Wiederh......lung	→	die ______	---
3. der K......lkopf	→	der ______	der ______
4. das Ruderb......t	→	das ______	das ______
5. die Katzenpf......te	→	die ______	---
6. das M......nfeld	→	das ______	der ______
7. das Mittel......r	→	das ______	das ______

Welches zusammengesetzte Wort gehört zu dem Merkwort?

der Mohn – das ______ (6)
das Boot – das ______ (4)
der Kohl – der ______ (3)
das Ohr – das ______ (7)

Setze ein: ‚o‘, ‚oo‘ oder ‚oh‘.

		Wiederholung des ganzen Wortes	Wie heißt das Merkwort?
8. die Königskr......ne	→	die ______	---
9. der Z......direktor	→	der ______	der ______
10. der Arbeitsl......n	→	der ______	der ______
11. die Zeugnisn......te	→	die ______	---
12. das H......ngelächter	→	das ______	der ______
13. der T......rjäger	→	der ______	---
14. die T......ntaube	→	die ______	---

Welches zusammengesetzte Wort gehört zu dem Merkwort?

der Hohn – das ______ (12)
der Lohn – der ______ (10)
der Zoo – der ______ (9)

Merke auch: froh – froher; roh – roher; Floh – Flöhe, Stroh – strohig
Das ‚h‘ kannst du sprechen und hören, wenn du das Grundwort verlängerst.

6 Wörter mit ‚uh' musst du auswendig lernen:

der **Aufruhr** – das **Huhn** – die **Kuhle** – der **Ruhm** – der **Stuhl** – die **Uhr**

Bilde zusammengesetzte Wörter. Schreibe dann das ganze Wort.

Setze **-stuhl** ein.

1. der Dreh stuhl 2. der Klapp______ 3. der Korb______

1. der Drehstuhl 2. ______ 3. ______

Setze **-huhn** ein.

1. das Perl______ 2. das Schnee______ 3. das Suppen______

1. ______ 2. ______ 3. ______

Setze **-ruhm** ein.

1. der Helden______ 2. der Künstler______

1. ______ 2. ______

Setze **-uhr** ein.

1. die Turm______ 2. die Atom______ 3. die Sonnen______

1. ______ 2. ______ 3. ______

Setze **Aufruhr** ein. Schreibe dann den ganzen Satz.

Wenn es bei einer Kundgebung ______ gegeben hat, sagt man auch: es gab Unruhen und Krawalle.

______

______

Setze **Kuhle** ein. Schreibe dann den ganzen Satz.

Jan hat in einer ______ geangelt und zwei Fische gefangen.

______

Eine ‚uh-Geschichte' zum Auswendiglernen der Merkwörter:

Am Rande einer **Kuhle** sitzt ein **Huhn** und angelt. Es fängt aber keinen Fisch, sondern zieht einen **Stuhl** und eine **Uhr** aus dem Wasser. Im Dorf erntet das Huhn viel **Ruhm**, aber es entsteht auch **Aufruhr**, als man erfährt, dass die Uhr sehr wertvoll ist.

Setze ein: ‚u‘ oder ‚uh‘.
Immer wenn du ‚uh‘ einsetzt, wirst du auch das Merkwort dazu finden.

	Wiederholung des ganzen Wortes	Wie heißt das Merkwort?
1. die Turm......r →	die Turmuhr	die Uhr
2. der Hausfl......r →	der ______	---
3. der Rollst......l →	der ______	der ______
4. die M......tprobe →	die ______	---
5. der Reicht......m →	der ______	---
6. das Truth......n →	das ______	das ______
7. der ......rwald →	der ______	---

Welches zusammengesetzte Wort gehört zu dem Merkwort?

das Huhn – das ______ (6)
der Stuhl – der ______ (3)
die Uhr – die ______ (1)

Setze ein: ‚u‘ oder ‚uh‘.

	Wiederholung des ganzen Wortes	Wie heißt das Merkwort?
8. die K......chengabel →	die ______	---
9. der Künstlerr......m →	der ______	der ______
10. die Lehmk......le →	die ______	die ______
11. der Sch......lsprecher →	der ______	---
12. die R......msucht →	die ______	der ______
13. die Sp......rensicherung →	die ______	---
14. der K......rgast →	der ______	---

Welches zusammengesetzte Wort gehört zu dem Merkwort?

der Ruhm – der ______ (9)
die Kuhle – die ______ (10)
der Ruhm – die ______ (12)

Merke auch: der Schuh – die Schuhe; die Kuh – die Kühe
Das ‚h‘ kannst du sprechen und hören, wenn du das Grundwort verlängerst.

Versteckt sind:
Nomen: Aufruhr, Bohne, Bohrer, Fohlen, Hohn, Huhn, Kohl, Kohle, Kuhle, Lohn, Mohn, Ohr, Rohr, Ruhm, Sohle, Sohn, Stuhl, Uhr
Andere Wortarten: hohl, johlen, ohne, wohl, wohnen

Die Wörter können waagerecht, senkrecht, diagonal und rückwärts gelesen werden.

R	H	U	R	F	U	A	G	H	J	K	U	H	L	E
H	L	K	O	M	L	M	E	L	H	O	S	R	O	C
O	Z	T	H	Ö	B	O	H	N	E	U	K	H	H	T
D	W	Q	R	S	O	X	U	S	O	H	N	U	N	G
M	O	H	N	C	H	M	H	O	H	L	P	P	U	E
J	K	W	Z	T	R	V	N	M	N	E	N	H	O	W
X	F	O	H	L	E	N	G	J	O	H	L	E	N	B
E	N	H	O	H	R	Y	S	T	U	H	L	N	K	P
P	E	L	H	O	K	V	N	H	O	H	K	O	H	L
P	O	U	Z	R	U	H	M	I	W	A	D	W	Q	G

Versteckt sind:
Nomen: Aufruhr, Bohne, Bohrer, Fohlen, Hohn, Huhn, Kohl, Kohle, Kuhle, Lohn, Mohn, Ohr, Rohr, Ruhm, Sohle, Sohn, Stuhl, Uhr
Andere Wortarten: hohl, johlen, ohne, wohl, wohnen

Die Wörter können waagerecht, senkrecht, diagonal und rückwärts gelesen werden.

R	H	U	R	F	U	A	G	H	J	K	U	H	L	E
H	L	K	O	M	L	M	E	L	H	O	S	R	O	C
O	Z	T	H	Ö	B	O	H	N	E	U	K	H	H	T
D	W	Q	R	S	O	X	U	S	O	H	N	U	N	G
M	O	H	N	C	H	M	H	O	H	L	P	P	U	E
J	K	W	Z	T	R	V	N	M	N	E	N	H	O	W
X	F	O	H	L	E	N	G	J	O	H	L	E	N	B
E	N	H	O	H	R	Y	S	T	U	H	L	N	K	P
P	E	L	H	O	K	V	N	H	O	H	K	O	H	L
P	O	U	Z	R	U	H	M	I	W	A	D	W	Q	G

Diese Wörter mit ‚ih' musst du auswendig lernen:

ihm – ihn – ihnen

Ersetze das unterstrichene Satzglied durch das richtige Pronomen (Fürwort) und schreibe den ganzen Satz (die Antwort).

1. Holt Frau M. den Feriengast vom Bahnhof ab?

   Ja, Frau M. ______________________________.

2. Gibt der Lehrer gibt den Schülern die Diktathefte zurück?

   Ja, der Lehrer ______________________________.

3. Erklärt der Polizist dem Fußgänger den Weg zum Bahnhof?

   Ja, ______________________________.

Lösung: 1. Ja, Frau M. holt ihn vom Bahnhof ab. – 2. Ja, der Lehrer gibt ihnen die Diktathefte zurück.
3. Ja, der Polizist erklärt ihm den Weg zum Bahnhof.

Auch diese Wörter mit ‚ih' musst du dir merken:

ihr – ihrer – ihrem – ihren

Füge das richtige Personalpronomen ein und schreibe den ganzen Satz.

Familienfotos betrachten:

1. Das ist Bente mit ______________ Vater.

   ______________________________.

2. Das ist Lisa mit ______________ Brüdern.

   ______________________________.

3. Das sind Ben und Lene und ______________ Hund Polli.

   ______________________________.

4. Das ist Susi mit ______________ Freundin.

   ______________________________.

Lösung: 1. … mit ihrem Vater . 2. … mit ihren Brüdern. 3. … und ihr Hund Polli. 4. mit ihrer Freundin.

Großschreibung von:

Ihre – Ihren – Ihrem – Ihnen – Ihres

Schreibe folgenden Text ab. Verändere dabei die Anredeform. Du redest Herrn Müller nicht mit ‚du‘ an, sondern du sagst ‚Sie‘ zu ihm.

Lieber Herr Müller,

1. Ich würde morgen gerne wieder deinen Hund ausführen.
2. Um 3 Uhr könnte ich ihn bei dir abholen.
3. Gerne bringe ich dann auch deine Mülltonne an die Straße.
4. Wie geht es deinem kranken Bein?
5. Ist der Arzt deiner Tochter oder deines Sohnes schon zu dir gekommen?
6. Ich sende dir viele Grüße
7. und komme also morgen zu dir.

1. ______________________________
2. ______________________________
3. ______________________________
4. ______________________________
5. ______________________________
6. ______________________________
7. ______________________________

Lösung: 1. … gerne wieder Ihren Hund ausführen. 2. … könnte ich ihn bei Ihnen abholen. 3. … auch Ihre Mülltonne … 4. Wie geht es Ihrem kranken Bein? 5. Ist der Arzt Ihrer Tochter oder Ihres Sohnes schon zu Ihnen gekommen? 6. Ich sende Ihnen viele Grüße 7. und komme also morgen zu Ihnen.

10 Wörter mit ‚äh' musst du auswendig lernen:

gähnen – **erwähnen** – die **Strähne** – die **Ähre** – die **Mähne**
allmählich – **ungefähr** – **gefährlich** – **während** – **ähnlich**

Ordne die ‚äh-Wörter' alphabetisch.

1. ähnlich ______ 6. ______
2. ______ 7. ______
3. ______ 8. ______
4. ______ 9. ______
5. ______ 10. ______

Lösung: 2. Ähre – 3. allmählich – 4. erwähnen – 5. gähnen – 6. gefährlich – 7. Mähne – 8. Strähne
9. ungefährlich – 10. während

Ordne den ‚äh-Wörtern' die auswendig gelernten Merkwörter mit ‚ah' zu.

1. zählen – die ______ 4. jährlich – das ______
2. wählen – die ______ 5. ernähren – die ______
3. gelähmt – ______ 6. zähmen – ______

Lösung: 1. die Zahl – 2. die Wahl – 3. lahm – 4. das Jahr – 5. die Nahrung – 6. zahm

Bilde zusammengesetzte Wörter. Schreibe dann das ganze Wort.

Setze **-mähne** ein.

1. die Löwen______ 2. die Pferde______

1. ______ 2. ______

Setze **-strähne** ein.

1. die Glücks______ 2. die Haar______

1. ______ 2. ______

Setze die Wörter ein. Schreibe dann den ganzen Text ab.

1. Ähre

Bei vielen Getreidearten ist die ______________ der obere Teil des Getreidehalms. Die ______________ trägt die Getreidefrüchte.

2. allmählich

Nach der Reinigung füllt sich das große Schwimmbecken wieder ganz ______________ mit Wasser bis zum Rand.

3. während

Bente malt ihr Schreibheft bunt an, ______________ der Lehrer eine Geschichte vorliest.

4. ungefähr

Mit dem Fahrrad braucht Marten ______________ eine Viertelstunde von seinem Elternhaus bis zur Schule.

5. gefährlich

Das Wort ______________ kommt von dem Verb ‚fahren'. Das Fahren in Postkutschen war in frühen Zeiten sehr ______________, weil es noch keine gepflasterten Straßen gab.

8 Wörter mit ‚öh' musst du auswendig lernen:

versöhnen – gewöhnen – stöhnen – dröhnen
die **Röhre** – die **Möhre** – der **Föhn** – das **Nadelöhr**

Setze ein. Schreibe dann den ganzen Text ab.

1. Föhn

Es gibt zwei Bedeutungen für das Wort ____________: So bezeichnet man einen warmen trocknen Fallwind in den Alpen. Ein ____________ ist auch ein Haartrockner.

____

____

2. Nadelöhr

Durch das ____________ befestigt man einen Faden an der Nähnadel. Man spricht von einem ____________, wenn es an einer bestimmten Stelle im Straßenverkehr immer wieder zu Staus kommt.

____

____

____

Ordne die ‚öh-Wörter' alphabetisch.

1. ____________
2. ____________
3. ____________
4. ____________
5. ____________
6. ____________
7. ____________
8. ____________

Lösung: 1. dröhnen – 2. Föhn – 3. gewöhnen – 4. Möhre – 5. Nadelöhr – 6. Röhre – 7. stöhnen – 8. versöhnen

Ordne den ‚öh-Wörtern' die auswendig gelernten Merkwörter mit ‚oh' zu.

1. die Höhle – ____________
2. verhöhnen – ____________
3. gewöhnen – ____________

Lösung: 1. hohl – 2. der Hohn – 3. wohnen

9 Wörter mit ‚üh' musst du auswendig lernen:

führen – kühlen – fühlen – wühlen – rühren
die **Mühle** – die **Bühne** – die **Gebühren** – **kühn**

Ordne die ‚üh-Wörter' alphabetisch.

1. ____________________ 6. ____________________
2. ____________________ 7. ____________________
3. ____________________ 8. ____________________
4. ____________________ 9. ____________________
5. ____________________

Lösung: 1. Bühne – 2. fühlen – 3. führen – 4. Gebühren – 5. kühlen – 6. kühn – 7. Mühle – 8. rühren – 9. wühlen

Bilde zusammengesetzte Wörter. Schreibe dann das ganze Wort.

1. Führer-

der ____________________schein der ____________________ausweis

____________________ ____________________

2. Kühl-

der ____________________schrank die ____________________truhe

____________________ ____________________

3. Wühl-

die ____________________maus der ____________________tisch

____________________ ____________________

4. Rühr-

das ____________________ei der ____________________löffel

____________________ ____________________

5. Gebühren-

die ____________________ordnung die ____________________erhöhung

____________________ ____________________

Versteckt sind:
Nomen: (die) Ähre, (die) Bühne, (der) Föhn, (die) Gebühren, (die) Mähne, (die) Möhre, (die) Mühle, (das) Nadelöhr, (die) Röhre, (die) Strähne, (die) Sühne
Verben: berühren, dröhnen, erwähnen, fühlen, führen, gähnen, gewöhnen, kühlen, stöhnen, versöhnen, wühlen
Andere Wortarten: ähnlich, allmählich, kühn, ungefähr, während

Die Wörter können waagerecht, senkrecht, diagonal und rückwärts gelesen werden.

G	X	U	N	G	E	F	Ä	H	R	Y	C	N	E	N	H	Ö	T	S	H
E	K	Ä	P	B	E	R	Ü	H	R	E	N	S	Q	Y	V	C	X	J	C
B	Ü	H	N	E	G	Q	C	F	Ü	H	R	E	N	X	B	R	P	O	I
Ü	H	R	V	T	Z	M	Ü	H	L	E	U	W	Q	F	Ö	H	N	M	L
H	N	E	U	G	B	Ä	C	D	R	Ö	H	N	E	N	B	Ö	E	S	H
R	Ö	H	R	E	Y	H	E	W	N	E	L	H	Ü	F	A	L	L	T	Ä
E	T	R	V	X	S	N	E	L	H	Ü	W	S	V	B	Z	E	H	R	M
N	E	N	H	Ö	W	E	G	W	Q	X	Y	Ü	K	I	O	D	Ü	Ä	L
B	M	E	R	W	Ä	H	N	E	N	E	R	H	Ö	M	X	A	K	H	L
W	Ä	H	R	E	N	D	M	J	Z	T	B	N	G	Ä	H	N	E	N	A
Ä	H	N	L	I	C	H	W	Q	F	C	N	E	N	H	Ö	S	R	E	V

Versteckt sind:
Nomen: (die) Ähre, (die) Bühne, (der) Föhn, (die) Gebühren, (die) Mähne, (die) Möhre, (die) Mühle, (das) Nadelöhr, (die) Röhre, (die) Strähne, (die) Sühne
Verben: berühren, dröhnen, erwähnen, fühlen, führen, gähnen, gewöhnen, kühlen, stöhnen, versöhnen, wühlen
Andere Wortarten: ähnlich, allmählich, kühn, ungefähr, während

Die Wörter können waagerecht, senkrecht, diagonal und rückwärts gelesen werden.

G	X	U	N	G	E	F	Ä	H	R	Y	C	N	E	N	H	Ö	T	S	H
E	K	Ä	P	B	E	R	Ü	H	R	E	N	S	Q	Y	V	C	X	J	C
B	Ü	H	N	E	G	Q	C	F	Ü	H	R	E	N	X	B	R	P	O	I
Ü	H	R	V	T	Z	M	Ü	H	L	E	U	W	Q	F	Ö	H	N	M	L
H	N	E	U	G	B	Ä	C	D	R	Ö	H	N	E	N	B	Ö	E	S	H
R	Ö	H	R	E	Y	H	E	W	N	E	L	H	Ü	F	A	L	L	T	Ä
E	T	R	V	X	S	N	E	L	H	Ü	W	S	V	B	Z	E	H	R	M
N	E	N	H	Ö	W	E	G	W	Q	X	Y	Ü	K	I	O	D	Ü	Ä	L
B	M	E	R	W	Ä	H	N	E	N	E	R	H	Ö	M	X	A	K	H	L
W	Ä	H	R	E	N	D	M	J	Z	T	B	N	G	Ä	H	N	E	N	A
Ä	H	N	L	I	C	H	W	Q	F	C	N	E	N	H	Ö	S	R	E	V

13 Wörter mit ‚bb' musst du auswendig lernen:

die **Ebbe** – die **Krabbe** – das **Hobby** – die **Robbe** – der **Sabbat** – **knabbern** – **krabbeln** – **dribbeln** – **kribbeln** – **rubbeln** – **schrubben** – **jobben** – **sabbern**

Ordne die ‚bb-Wörter' alphabetisch.

1. ______ 6. ______ 10. ______
2. ______ 7. ______ 11. ______
3. ______ 8. ______ 12. ______
4. ______ 9. ______ 13. ______
5. ______

Lösung: 1. dribbeln – 2. Ebbe – 3. Hobby – 4. jobben – 5. knabbern – 6. Krabbe – 7. krabbeln – 8. kribbeln 9. Robbe – 10. rubbeln – 11. Sabbat – 12. sabbern – 13. schrubben

Welches Verb passt?

1. mit dem Ball durch die Halle ______
2. den Fußboden ______
3. am Wochenende im Getränkemarkt ______
4. unter dem Sofa hervor______
5. an einem Keks ______
6. ein Los frei______
7. Babys ______ manchmal beim Essen
8. manche Wollpullover ______ auf der Haut

Lösung: 1. dribbeln – 2. schrubben – 3. jobben – 4. hervorkrabbeln – 5. knabbern – 6. freirubbeln – 7. sabbern 8. kribbeln

Welches Nomen passt? Setze ein. Schreibe dann das ganze Wort.

1. die Ohren______ 3. der ______maler 5. der______nsalat
1. ______ 3. ______ 5. ______
2. die Hohl______ 4. das______jahr
2. ______ 4. ______

Lösung: 1. die Ohrenrobbe – 2. die Hohlebbe – 3. der Hobbymaler – 4. das Sabbatjahr – 5. der Krabbensalat

8 Wörter mit ‚dd‘ musst du auswendig lernen:

der **Teddy** – der **Widder** – die **Kladde** – der **Pudding** – das **Schmuddelwetter**
addieren – **paddeln** – **buddeln**

Ordne die ‚dd-Wörter‘ alphabetisch.

1. ____________ 4. ____________ 7. ____________
2. ____________ 5. ____________ 8. ____________
3. ____________ 6. ____________

Lösung: 1. addieren – 2. buddeln – 3. Kladde – 4. paddeln – 5. Pudding – 6. Schmuddelwetter – 7. Teddy 8. Widder

Ordne den Bedeutungen die Nomen zu.

1. Schreibheft, Schulheft – ____________
2. süßer Nachtisch (Dessert) – ____________
3. Kinderspielzeug, Kuscheltier – ____________
4. männliches Zuchtschaf, Sternzeichen – ____________
5. regnerisches kühles Wetter – ____________

Lösung: 1. Kladde – 2. Pudding – 3. Teddy – 4. Widder – 5. Schmuddelwetter

Welches Verb passt?

	Wiederholung der Redewendung
1. im Sand ____________	1. ____________
2. über den See ____________	2. ____________
3. eine Zahlenreihe ____________	3. ____________

Lösung: 1. im Sand buddeln – 2. über den See paddeln – 3. eine Zahlenreihe addieren

8 Wörter mit ‚gg‘ musst du auswendig lernen:

der **Roggen** – die **Egge** – der **Bagger** – die **Flagge** – die **Dogge**
der **Waggon** – **schmuggeln** – **joggen**

Ordne die ‚gg-Wörter‘ alphabetisch.

1. ____________ 4. ____________ 7. ____________
2. ____________ 5. ____________ 8. ____________
3. ____________ 6. ____________

Lösung: 1. Bagger – 2. Dogge – 3. Egge – 4. Flagge – 5. joggen – 6. Roggen – 7. schmuggeln – 8. Waggon

Setze ein: schmuggeln. Schreibe dann den ganzen Text ab.

Wenn Menschen versuchen, Waren von einem Land ins andere zu ____________, dann handelt es sich meistens um verbotene Waren, die nicht eingeführt werden dürfen. Andere Menschen ____________ mit Waren, für die sie keinen Zoll und keine Steuern bezahlt haben.

____

____

____

____

Ordne den Bedeutungen die Nomen zu.

1. Hunderasse ____________
2. Getreideart ____________
3. Ackergerät ____________
4. kleine Fahne ____________
5. Gerät zum Ausgraben und Laden von Erde ____________
6. Eisenbahnwagen ____________

Lösung: 1. Dogge – 2. Roggen – 3. Egge – 4. Flagge – 5. Bagger – 6. Waggon

8 Wörter mit ‚kk‘ musst du auswendig lernen:

der **Brokkoli** – der **Akku*** – die **Makkaroni** – der **Mokka** – das **Akkordeon**
der **Akkusativ** – der **Akkord** – **akkurat**

* Kurzwort für Akkumulator

Ordne die ‚kk-Wörter‘ alphabetisch.

1. ____________ 4. ____________ 7. ____________
2. ____________ 5. ____________ 8. ____________
3. ____________ 6. ____________

Lösung: 1. Akkord – 2. Akkordeon – 3. Akku – 4. akkurat – 5. Akkusativ – 6. Brokkoli – 7. Makkaroni – 8. Mokka

Ordne den Bedeutungen die Nomen zu.

1. eine Nudelart ____________
2. ein Musikinstrument ____________
3. ein Gemüse, ‚Spargelkohl‘ ____________
4. Grammatik: 4. Fall ____________
5. sehr starker Kaffee ____________
6. Musik: Zusammenklang ____________
7. Gerät zum Speichern elektrischer Energie ____________
8. sorgfältig, ordentlich (Wie-Wort) ____________

Lösung: 1. Makkaroni – 2. Akkordeon – 3. Brokkoli – 4. Akkusativ – 5. Mokka – 6. Akkord – 7. Akku – 8. akkurat

7 Wörter mit ‚zz‘ musst du auswendig lernen:

die **Razzia** – die **Skizze** – die **Pizza** – die **Pizzeria** – das **Puzzle** – **skizzieren** –
puzzeln

Ordne die ‚zz-Wörter‘ alphabetisch.

1. ____________ 4. ____________ 7. ____________
2. ____________ 5. ____________
3. ____________ 6. ____________

Lösung: 1. Pizza – 2. Pizzeria – 3. puzzeln – 4. Puzzle – 5. Razzia – 6. Skizze – 7. skizzieren

30 Wörter mit seltenen Doppelkonsonanten erraten.
Tipp: Die gesuchten Wörter hast du auf den anderen Arbeitsblättern schon kennengelernt.

Achte auf die Groß- und Kleinschreibung!

(1) Nenne 3 Tiere mit Doppelkonsonanten

(2) Nasskaltes ‚ungemütliches‘ Wetter

(3) Röhrenförmige Nudeln

(4) Süßspeise, Nachtisch

(5) Überraschende Fahndung der Polizei in einem Gebäude

(6) Ein Geduldsspiel mit kleinen Teilen

(7) Zusammenzählen

(8) Schreibheft, Schulheft

(9) Den Ball durch kurze Stöße vorantreiben

(10) Ein Musikinstrument

(11) Grammatik: der 4. Fall

(12) Eine Wassersportart

(13) Eine der Tiden (Niedrigwasser)

(14) Kräftig reiben, eine Schutzschicht abreiben

(15) Beliebtes Spielzeug für Kleinkinder

(16) Im Sand (im Matsch) graben

(17) Landwirtschaftliches Gerät

(18) Maschine zum Ausheben von Erdmassen

30 Wörter mit seltenen Doppelkonsonanten erraten.
Tipp: Die gesuchten Wörter hast du auf den anderen Arbeitsblättern schon kennengelernt.

Achte auf die Groß- und Kleinschreibung!

(19) Brotgetreide ________________	**(20) Italienisches Hefegebäck mit Belag** ________________	**(21) Kleine Fahne aus leichtem Stoff** ________________
(22) Eine Kaffeesorte, sehr starker Kaffee ________________	**(23) Laufen als Fitness-Training** ________________	**(24) Musik: Zusammen-klang** ________________
(25) Mit einer Scheuer-bürste reinigen ________________	**(26) Wie heißt das Verb zu dem Nomen Skizze?** ________________	**(27) Sorgfältig, ordentlich, genau** ________________
(28) Steckenpferd, liebste Beschäftigung ________________	**(29) Eine Gelegenheits-arbeit ausüben** ________________	**(30) Bevor ein Baby laufen lernt, ist es im** ________________**alter**

Lösung: (1) Widder, Robbe, Krabbe, (Dogge) – (2) Schmuddelwetter – (3) Makkaroni – (4) Pudding
(5) Razzia – (6) Puzzle – (7) addieren – (8) Kladde – (9) dribbeln – (10) Akkordeon – (11) Akkusativ
(12) paddeln – (13) Ebbe – ((14) rubbeln – (15) Teddy – (16) buddeln – (17) Egge – (18) Bagger – (19) Roggen
(20) Pizza – (21) Flagge – (22) Mokka – (23) joggen – (24) Akkord – (25) schrubben – (26) skizzieren
(27) akkurat – (28) Hobby – (29) jobben – (30) Krabbelalter

Diese Wörter mit ‚v' musst du auswendig lernen:

der **V**ater – der **V**etter
das **V**eilchen – der **V**ers
das **V**olk – der **V**ogel – das **V**ieh

viel und **v**ier
voll und **v**öllig
vorne, **v**on und **v**om

vielleicht
vor allem merke dir zum Schluss:
die **V**orsilben **‚ver-'** und **‚vor-'**

Versteckt sind:
(der) Vater, (das) Veilchen, (der) Vers, (der) Vetter, (das) Vieh, viel, vielleicht, vier, (der) Vogel, von, vom, (das) Volk, voll, völlig, vorne, Vordermann

Die Wörter können waagerecht, senkrecht, diagonal und rückwärts gelesen werden.

D	Q	E	L	G	I	L	L	Ö	V	W
S	Y	B	M	X	K	Ä	W	V	O	M
L	D	V	K	L	J	G	L	E	I	V
U	Z	T	O	M	Y	V	A	R	C	I
N	O	V	Ü	L	F	I	I	S	Q	E
N	H	M	A	U	L	E	A	K	J	L
A	P	Z	T	T	K	H	N	S	Q	L
M	E	G	B	D	E	J	E	T	R	E
R	N	V	I	E	R	R	H	Ö	K	I
E	I	G	F	E	M	Y	C	P	A	C
D	B	V	T	M	X	C	L	U	K	H
R	U	T	Ä	M	Y	Q	I	K	G	T
O	E	D	V	O	R	N	E	S	I	Z
V	H	K	L	E	G	O	V	X	B	O

Versteckt sind:
(der) Vater, (das) Veilchen, (der) Vers, (der) Vetter, (das) Vieh, viel, vielleicht, vier, (der) Vogel, von, vom, (das) Volk, voll, völlig, vorne, Vordermann

Die Wörter können waagerecht, senkrecht, diagonal und rückwärts gelesen werden.

D	Q	E	L	G	I	L	L	Ö	V	W
S	Y	B	M	X	K	Ä	W	V	O	M
L	D	V	K	L	J	G	L	E	I	V
U	Z	T	O	M	Y	V	A	R	C	I
N	O	V	Ü	L	F	I	I	S	Q	E
N	H	M	A	U	L	E	A	K	J	L
A	P	Z	T	T	K	H	N	S	Q	L
M	E	G	B	D	E	J	E	T	R	E
R	N	V	I	E	R	R	H	Ö	K	I
E	I	G	F	E	M	Y	C	P	A	C
D	B	V	T	M	X	C	L	U	K	H
R	U	T	Ä	M	Y	Q	I	K	G	T
O	E	D	V	O	R	N	E	S	I	Z
V	H	K	L	E	G	O	V	X	B	O

Bilde die Mehrzahl (Plural).

° = **‚a‘** wird zu **‚ä‘** – **‚o‘** wird zu **‚ö‘**

	Mehrzahl (Plural)
1. der °Vater	die ____________
2. das Veilchen	die ____________
3. der °Vogel	die ____________
4. der Vetter	die ____________
5. das °Volk	die ____________
6. der Vers	die ____________

Lösung: 1. die Väter – 2. die Veilchen – 3. die Vögel – 4. die Vetter – 5. die Völker – 6. die Verse

Bilde zusammengesetzte Wörter. Schreibe dann das ganze Wort.

Setze **Vater-** ein.

1. das ______Vater______land
1. das Vaterland
2. die ____________freuden
2. ____________
3. der ____________tag
3. ____________
4. das ____________unser
4. ____________

Setze **Vogel-** ein.

1. das ____________haus
1. ____________
2. die ____________grippe
2. ____________
3. die ____________scheuche
3. ____________
4. das ____________futter
4. ____________

Setze **Volks-** ein.

1. das ____________lied
1. ____________
2. der ____________wagen
2. ____________
3. der ____________tanz
3. ____________
4. die ____________hochschule
4. ____________

Lösung: 1. das Vaterland – 2. die Vaterfreuden – 3. der Vatertag – 4. das Vaterunser
1. das Vogelhaus – 2. die Vogelgrippe – 3. die Vogelscheuche – 4. das Vogelfutter
1. das Volkslied – 2. der Volkswagen – 3. der Volkstanz – 4. die Volkshochschule

Bilde zusammengesetzte Wörter. Schreibe dann das ganze Wort.

Setze **Vieh-** ein.

1. die Vieh herde
1. die Viehherde
2. der ______ handel
2. ______
3. die ______ zucht
3. ______
4. das ______ futter
4. ______

Setze **-vieh** ein.

1. das Feder ______
1. ______
2. das Rind ______
2. ______

Setze **vier-** ein.

1. ______ **zehn**
1. ______
2. ______ zig
2. ______

Setze **Vier-** ein.

1. das ______ tel
1. ______
2. der ______ beiner
2. ______
3. die ______ linge
3. ______
4. die ______ telstunde
4. ______
5. das ______ teljahr
5. ______
6. das ______ telfinale
6. ______

Lösung: 1. die Viehherde – 2. die Viehzucht – 3. der Viehhandel – 4. das Viehfutter
1. das Federvieh – 2. das Rindvieh
1. vier**zehn** – 2. vierzig
1. das Viertel – 2. der Vierbeiner – 3. die Vierlinge – 4. die Viertelstunde – 5. das Viertel**jahr** – 6. das Viertelfinale

Bilde zusammengesetzte Wörter. Schreibe dann das ganze Wort.

Setze **viel-** ein.

1. ______viel______leicht
1. vielleicht ____________

2. ____________mals
2. ____________

Setze **Viel-** ein.

1. der ____________fraß
1. ____________

2. der ____________flieger
2. ____________

Setze **voll-** ein.

1. ____________stopfen
1. ____________
2. ____________füllen
2. ____________
3. ____________packen
3. ____________
4. ____________ständig
4. ____________

Setze **Voll-** ein.

1. der ____________bart
1. ____________
2. die ____________milch
2. ____________
3. das ____________gas
3. ____________
4. das ____________kornbrot
4. ____________

Setze **-voll** ein.

1. liebe____________
1. ____________
2. schwung____________
2. ____________
3. mühe____________
3. ____________
4. qual____________
4. ____________
5. wert____________
5. ____________
6. grauen____________
6. ____________

Lösung: 1. vielleicht – 2. vielmals
1. der Vielfraß – 2. der Vielflieger
1. vollstopfen – 2. vollpacken – 3. vollfüllen – 4. vollständig
1. der Vollbart – 2. das Vollgas – 3. die Vollmilch – 4. das Vollkornbrot
1. liebevoll – 2. mühevoll – 3. wertvoll – 4. schwungvoll – 5. qualvoll – 6. grauenvoll

Setze ‚Vor-‘ ein. Bilde die Mehrzahl (Plural).

° = **‚a‘** wird zu **‚ä‘** – **‚u‘** wird zu **‚ü‘**

	Wiederholung	Mehrzahl (Plural)
1. die Vor schrift	die Vorschrift	die Vorschriften
2. die ______ runde		
3. das ______ bild		
4. der ______ °hang		
5. die ______ silbe		
6. der ______ name		
7. die ______ schule		

Lösung: 2. die Vorrunden – 3. die Vorbilder – 4. die Vorhänge – 5. die Vorsilben – 6. die Vornamen – 7. die Vorschulen

	Wiederholung	Mehrzahl (Plural)
8. die ______ warnung		
9. der ______ °schlag		
10. die ______ speise		
11. der ______ °sprung		
12. die ______ schau		
13. der ______ letzte		
14. die ______ liebe		

Lösung: 8. die Vorwarnungen – 9. die Vorschläge – 10. die Vorspeisen – 11. die Vorsprünge – 12. die Vorschauen – 13. die Vorletzten – 14. die Vorlieben

Merke auch: Wir schreiben immer **‚Vor-‘ / ‚vor-‘**
außer: die **For**ke, die **For**mel, das **For**mular, **for**men, **for**schen

**Setze die fehlenden Wörter von (1) bis (8) ein.
Schreibe dann den ganzen Satz ab.**

(1) voran – (2) voraus – (3) vorbei – (4) vorhin – (5) vorlaut – (6) vorig(e) – (7) vorwärts

1. Die Bauarbeiten gehen gut ____________________.

1. ____.

2. Geh du schon mal ____________________!

2. ____!

3. Ferien sind immer zu schnell ____________________.

3. ____.

4. Er ist ____________________ hier gewesen.

4. ____.

5. Sei nicht immer so ____________________!

5. ____!

6. Wir sind ____________________ Woche umgezogen.

6. ____.

7. Geh lieber ____________________, nicht rückwärts!

7. ____!

**Verbinde folgende Verben (Tuwörter) mit ‚vor-'.
Schreibe dann das ganze Wort.**

(1) sagen (2) schlagen (3) singen (4) lesen (5) machen (6) vorfinden

	Wiederholung		Wiederholung
1. vor sagen	vorsagen	4. ______ lesen	______
2. ______ schlagen	______	5. ______ machen	______
3. ______ singen	______	6. ______ finden	______

Setze ‚Vor-‘ ein. Bilde die Mehrzahl (Plural).

° = **‚a‘** wird zu **‚ä‘**

	Wiederholung	Mehrzahl (Plural)
1. der Vor garten	der Vorgarten	die Vorgärten
2. das ______ °dach	______	______
3. die ______ freude	______	______
4. der ______ turner	______	______
5. der ______ ort	______	______
6. der ______ mittag	______	______

Lösung: 2. die Vordächer – 3. die Vorfreuden – 4. die Vorturner – 5. die Vororte – 6. die Vormittage

Setze die fehlenden Wörter ein.

______ – der **V**etter

das **V**eilchen – ______

das **V**olk – ______ – das **V**ieh

______ und **v**ier

______ und **v**öllig

______, **v**on und **v**om

______

vor allem merke dir zum Schluss:

die **V**orsilben ______

Lösung:
der Vater – der **V**etter
das **V**eilchen – der Vers
das **V**olk – der Vogel – das **V**ieh
viel und **v**ier
voll und **v**öllig
vorne, **v**on und **v**om
vielleicht
vor allem merke dir zum Schluss:
die **V**orsilben ver- und vor-

Setze ‚ver-' ein. Bilde das Nomen.

		Wiederholung	Nomen
1. ver	suchen	versuchen	der Versuch
2. ______	brauchen	______	der ______
3. ______	kaufen	______	der ______
4. ______	bieten	______	das ______
5. ______	binden	______	der ______
6. ______	hören	______	das ______
7. ______	gleichen	______	der ______
8. ______	schließen	______	der ______

Lösung: 2. der Verbrauch – 3. der Verkauf – 4. das Verbot – 5. der Verband – 6. das Verhör – 7. der Vergleich
8. der Verschluss

		Wiederholung	Nomen
9. ver	losen	verlosen	die Verlosung
10. ______	packen	______	die ______
11. ______	senden	______	der ______
12. ______	letzen	______	die ______
13. ______	decken	______	das ______
14. ______	setzen	______	die ______
15. ______	folgen	______	die ______
16. ______	zieren	______	die ______

Lösung: 10. die Verpackung – 11. der Versand – 12. die Verletzung –13. das Verdeck – 14. die Versetzung
15. die Verfolgung –16. die Verzierung

Merke auch: Wir schreiben immer ‚ver-'
außer: fertig, die Ferse, das Ferkel, die Ferne (das Fernsehen)

Setze ‚i‘- ein. Bilde die Mehrzahl (Plural).

	Wiederholung	Mehrzahl (Plural)
1. die F i bel	die Fibel	die Fibeln
2. die B__bel		
3. der T__ger		
4. die F__gur		
5. das K__no		
6. die L__nie		
7. das L__neal		

Lösung: 2. die Bibeln – 3. die Tiger – 4. die Figuren – 5. die Kinos – 6. die Linien – 7. die Lineale

	Wiederholung	Mehrzahl (Plural)
8. das K__lo		
9. der L__ter		
10. die K__wi		
11. das V__dea		
12. der P__rat		
13. die S__rene		
14. das F__nale		

Lösung: 8. die Kilos – 9. die Liter – 10. die Kiwis – 11. die Videos – 12. die Piraten – 13. die Sirenen 14. die Finale

Ordne die ‚i-Wörter‘ alphabetisch.

1. ______ 6. ______ 11. ______
2. ______ 7. ______ 12. ______
3. ______ 8. ______ 13. ______
4. ______ 9. ______ 14. ______
5. ______ 10. ______

Lösung: die Bibel – die Fibel – die Figur – das Finale – das Kilo – das Kino – die Kiwi – das Lineal – die Linie der Liter – der Pirat – die Sirene – der Tiger

Setze ‚i‘- ein. Bilde die Mehrzahl (Plural).

	Wiederholung	Mehrzahl (Plural)
1. der T_i_tel	der Titel	der Titel
2. der P__lot		
3. die M__nute		
4. die L__monade		
5. die Z__itrone		
6. die Z__garette		
7. die G__raffe		

Lösung: 2. die Piloten – 3. die Minuten – 4. die Limonaden – 5. die Zitronen – 6. die Zigaretten – 7. die Giraffen

	Wiederholung	Mehrzahl (Plural)
8. das V__tam__n		
9. die Tr__bühne		
10. der D__no		
11. die L__belle		
12. die V__oline		
13. die G__tarre		
14. der L__bero		

Lösung: 8. die Vitamine – 9. die Tribühnen – 10. die Dinos – 11. die Libellen – 12. die Violinen – 13. die Gitarren – 14. die Liberos

Merke: mir – dir – wir – er gibt

Bilde einen Satz mit jedem Wort:

1. ______
2. ______
3. ______
4. ______

Wir sind uns einig: Wenn du mir das Heft zurückgibst, gebe ich dir dein Lineal zurück.
Mein Sitznachbar gibt mir das Heft zurück. Ich gebe ihm sein Lineal.

Bilde zusammengesetzte Wörter. Schreibe dann das ganze Wort.

(1) -spinat, (2) -fibel, (3) -silo, (4)-figur, (5) -linie, (6) -liter
(7) -pilot, (8) -titel, (9) -sirene, (10) -kino, (11) -finale, (12) -tiger

1. der Rahm spinat
1. der Rahmspinat
2. die Lese ______
2. ______
3. der Getreide ______
3. ______
4. die Schach ______
4. ______
5. die Bus ______
5. ______
6. ein Achtel ______
6. ______
7. der Chef ______
7. ______
8. der Buch ______
8. ______
9. die Fabrik ______
9. ______
10. das Daumen ______
10. ______
11. das Pokal ______
11. ______
12. der Königs ______
12. ______

Bilde zusammengesetzte Wörter. Schreibe dann das ganze Wort.

(1) Kino-, (2) Linien-, (3) Tiger-, (4) Sirenen-, (5) Kino-, (6) Linien-, (7) Tiger-, (8) Kilo-

1. der ______ film
1. ______
2. der ______ flug
2. ______
3. das ______ fell
3. ______
4. das ______ geheul
4. ______
5. die ______ karte
5. ______
6. der ______ richter
6. ______
7. der ______ hai
7. ______
8. der ______ meter
8. ______

Bilde die Mehrzahl (Plural). Bilde zusammengesetzte Wörter.

° = **‚u'** wird zu **‚ü'**

	Mehrzahl	zusammengesetztes Wort
1. der °Fuchs	____________	der Rot____________
2. der Dachs	____________	der Frech____________
3. der Ochse	____________	der Horn____________
4. die Eidechse	____________	die Perl____________
5. der Luchs	____________	der Wüsten____________
6. der Lachs	____________	der See____________

Lösung: 1. die Füchse, der Rotfuchs – 2. die Dachse, der Frechdachs (freches Kind)
3. die Ochsen, der Hornochse (dummer Mensch) – 4. die Eidechsen, die Perleidechse
5. die Luchse, der Wüstenluchs – 6. die Lachse, der Seelachs

	Mehrzahl	zusammengesetztes Wort
7. die Achse	____________	die Rad____________
8. die Achsel	____________	die ____________höhle
9. die Deichsel	____________	die Wagen____________
10. der Wechsel	____________	der Geld____________
11. die Büchse*	____________	der Wüsten____________

* Büchse (1) = Gefäß mit Deckel; * Büchse (2) = Feuerwaffe

Lösung: 7. die Achsen, die Radachse – 8. die Achseln, die Achselhöhle – 9. die Deichseln, die Wagendeichsel
10. die Wechsel, der Geldwechsel – 11. Die Büchsen, der Büchsenöffner

Setze die fehlenden Wörter ein. Wiederhole dann die Redewendung.

Setze ein	Wiederholung
1. schlau sein wie ein ____________	____________
2. mit den ____________ zucken	____________
3. Augen haben wie ein ____________	____________

Lösung: 1. Fuchs – 2. Achseln – 3. Luchs

Setze ein: wachsen.
Wiederhole dann die Redewendung.

Setze ein	Wiederholung
Wenn man sehr gut hören kann:	____________
Das Gras ____________ hören.	____________
Wenn etwas nicht noch besser, höher, schneller gemacht werden kann:	
Die Bäume ____________ nicht	____________
in den Himmel.	____________

Bilde zusammengesetzte Wörter. Schreibe dann das ganze Wort.

Setze **Wachs-** ein.

1. die ____________kerze
1. ____________
2. das ____________tuch
2. ____________
3. die ____________figur*
3. ____________
4. die ____________bohne
4. ____________

Setze **-wachs** ein.

1. das Ski____________**
1. ____________
2. das Bienen____________
2. ____________

* In einem **Wachs**figurenkabinett kann man lebensgroße Nachbildungen von berühmten Persönlichkeiten besichtigen.
** seine Skier wachsen = mit Wachs glätten

Verwandte Wörter von wachsen (größer werden).
Schreibe ab.

	1. Wiederholung	2. Wiederholung
1. das Wachstum	____________	____________
2. der Erwachsene	____________	____________
3. das Gewächs	____________	____________

Groß- und Kleinschreibung

Setze ein.

Großschreibung	Kleinschreibung	Großschreibung	Kleinschreibung
1. Montag	montags	6. (Sonnabend)	
2. Dienstag		7. Samstag	
3. Mittwoch		8. Sonntag	
4. Donnerstag		9. der Mittag	
5. Freitag		10. der Anfang	

Lösung: 2. dienstags – 3. mittwochs – 4. donnerstags – 5. freitags – 6. (sonnabends) – 7. samstags
8. sonntags – 9. mittags –10. anfangs

Merke auch:

	Wiederholung		Wiederholung
allerdin**gs**		unterwe**gs**	
halbta**gs**		rin**gs**herum	

Schreibe ab.

Male ‚cks' an.

Nomen (Singular)	Nomen (Plural)	Verb
der Kle**cks**	die Kle**cks**e	kle**cks**en
der Klecks		
der Kna**cks**	die Kna**cks**e	kna**cks**en
der Kni**cks**	die Kni**cks**e	kni**cks**en

Bilde einen kurzen Satz mit diesen Wörtern:

schnurstra**cks** – mu**cks**mäuschenstill

Lösung: Wenn vorgelesen wird, ist es in der Klasse mucksmäuschenstill. Als Jan das Reklameschild von MacDonalds sah, ging er schnurstracks auf den Laden zu.

Ordne diese Wörter zu:

die Axt – der Boxer – das Examen – das Exemplar – der Export – die Hexe – die Nixe

1. (Abschluss-)Prüfung	1. ______________
2. Gerät zum Zerkleinern von Holz	2. ______________
3. böses weibliches Märchenwesen	3. ______________
4. Ausfuhr von Waren	4. ______________
5. Sportler; Hunderasse	5. ______________
6. einzelnes Stück	6. ______________
7. weiblicher Wassergeist	7. ______________

Lösung: 1. Examen – 2. Axt – 3. Hexe – 4. Export – 5. Boxer – 6. Exemplar – 7. Nixe

Ordne diese Wörter zu:

das Experiment – der Experte – der Luxus – der Mixer – die Praxis – das Taxi – der Text

1. Gerät zum Vermischen von Stoffen	1. ______________
2. Wortlaut, Beschriftung	2. ______________
3. Kenner, Sachverständiger	3. ______________
4. Tätigkeit; Arzträume	4. ______________
5. Verschwendung, Prunksucht	5. ______________
6. Mietauto	6. ______________
7. wissenschaftlicher Versuch	7. ______________

Lösung: 1. Mixer – 2. Text – 3. Experte – 4. Praxis – 5. Luxus – 6. Taxi – 7. Experiment

16 Nomen mit ‚ä‘ musst du auswendig lernen:

der **Käfer** – das **Gerät** – die **Säge** – die **Dämmerung** – die **Träne** – der **Säbel**
die **Gräte** – der **März** – das **Geschäft** – das **Geländer** – die **Krähe** – der **Käse**
der **Schädel** – der **Käfig** – das **Känguru** – das **Märchen**

Ordne die ‚ä-Wörter‘ alphabetisch.
Bilde die Mehrzahl

Einzahl (Singular)	Mehrzahl (Plural)
1. die Dämmerung	1. ---
2. ______	2. ______
3. ______	3. ______
4. ______	4. ______
5. ______	5. ______
6. der Käfer	6. ______
7. ______	7. ______
8. ______	8. ______
9. ______	9. ---
10. ______	10. ______
11. ______	11. ______
12. der März	12. die Märze
13. ______	13. ______
14. ______	14. ______
15. ______	15. ______
16. ______	16. ______

Lösung: 2. die Geländer – 3. die Geräte – 4. die Geschäfte – 5. die Gräten – 6. die Käfer – 7. die Käfige
8. die Kängurus – 9. der Käse – 10. die Krähen – 11. die Märchen – 12. die Märze – 13. die Säbel
14. die Sägen – 15. die Schädel – 16. die Tränen

9 Verben mit ‚ä‘ musst du auswendig lernen:

spähen – jäten – säen – bestätigen – mähen
grätschen – kläffen – krähen – tätowieren

Ordne die ‚ä-Wörter‘ alphabetisch.

1. ____________ 4. ____________ 7. ____________
2. ____________ 5. ____________ 8. ____________
3. ____________ 6. ____________ 9. ____________

Lösung: 1. bestätigen – 2. grätschen – 3. jäten – 4. kläffen – 5. krähen – 6. mähen – 7. säen – 8. spähen
9. tätowieren

Ordne die Verben den Rewendungen zu.

jäten – mähen – aussäen – bestätigen

1. den Rasen ____________
2. den Erhalt eines Briefes ____________
3. Unkraut ____________
4. Erbsensamen ____________

Lösung: 1. mähen – 2. bestätigen – 3. jäten – 4. aussäen

Ordne die Verben den Rewendungen zu.

kläffen – krähen – grätschen – spähen

1. Über ein Hindernis ____________
2. durch ein Guckloch ____________
3. Wenn kleine Hunde unangenehm laut und schrill bellen, dann ____________ sie.
4. Hähne ____________ oft schon sehr früh am Morgen.

Lösung: 1. grätschen – 2. spähen – 3. kläffen – 4. krähen

Was ist das?
Eine Zeichnung mit Tinte oder mit anderen Farben in die Haut ritzen:

____

Versteckt sind:
Verben: bestätigen, grätschen, jäten, kläffen, krähen, mähen, säen, spähen, tätowieren
Nomen: Dämmerung, Geländer, Gerät, Geschäft, Gräte, Käfer, Käfig, Känguru, Käse, Krähe, Märchen, März, Säbel, Säge, Schädel, Träne

Die Wörter können waagerecht, senkrecht, diagonal und rückwärts gelesen werden.

T	Ä	T	O	W	I	E	R	E	N	M	J	U	S	W	T	Z	N
V	H	R	Z	D	U	P	L	N	E	G	I	T	Ä	T	S	E	B
S	V	E	O	Ä	Q	W	M	Ö	P	R	K	I	E	Z	Q	Y	X
P	H	D	B	M	G	H	J	K	J	Ä	T	E	N	P	O	I	Z
Ä	J	N	D	M	Q	W	S	F	V	T	Y	X	C	V	B	N	K
H	U	Ä	M	E	Ö	K	M	U	H	S	C	H	Ä	D	E	L	V
E	C	L	K	R	Ä	H	E	N	Q	C	O	K	N	H	G	F	W
N	P	E	M	U	Z	H	N	B	D	H	Ö	K	U	H	B	V	C
M	H	G	K	N	T	G	F	R	Q	E	Q	W	S	D	V	G	R
T	G	V	D	G	I	F	Ä	K	W	N	K	I	G	U	F	W	D
S	M	Ä	H	E	N	T	B	M	Y	K	Ä	F	E	R	U	N	H
Q	W	D	R	G	T	Z	U	J	I	K	L	E	S	Ä	K	L	D
N	X	C	K	L	Ä	F	F	E	N	T	M	J	C	O	K	H	X
E	B	Q	Ä	U	H	Q	Y	X	V	R	K	Z	H	Q	L	K	S
H	B	Y	N	E	H	Ä	R	K	W	Ä	X	S	Ä	G	E	O	P
C	N	A	G	N	Q	X	F	R	L	N	T	Z	F	W	B	M	Y
R	Q	R	U	K	U	W	T	Ä	G	E	R	Ä	T	B	Ä	G	C
Ä	Q	V	R	H	W	B	M	H	U	K	S	D	W	Q	S	Z	J
M	C	F	U	G	R	Ä	T	E	Q	M	Ä	R	Z	U	N	D	B

Elke Loubier: Richtig schreiben von Beginn an – Band 3

Versteckt sind:
Verben: bestätigen, grätschen, jäten, kläffen, krähen, mähen, säen, spähen, tätowieren
Nomen: Dämmerung, Geländer, Gerät, Geschäft, Gräte, Käfer, Käfig, Känguru, Käse, Krähe, Märchen, März, Säbel, Säge, Schädel, Träne

Die Wörter können waagerecht, senkrecht, diagonal und rückwärts gelesen werden.

T	Ä	T	O	W	I	E	R	E	N	M	J	U	S	W	T	Z	N
V	H	R	Z	D	U	P	L	N	E	G	I	T	Ä	T	S	E	B
S	V	E	O	Ä	Q	W	M	Ö	P	R	K	I	E	Z	Q	Y	X
P	H	D	B	M	G	H	J	K	J	Ä	T	E	N	P	O	I	Z
Ä	J	N	D	M	Q	W	S	F	V	T	Y	X	C	V	B	N	K
H	U	Ä	M	E	Ö	K	M	U	H	S	C	H	Ä	D	E	L	V
E	C	L	K	R	Ä	H	E	N	Q	C	O	K	N	H	G	F	W
N	P	E	M	U	Z	H	N	B	D	H	Ö	K	U	H	B	V	C
M	H	G	K	N	T	G	F	R	Q	E	Q	W	S	D	V	G	R
T	G	V	D	G	I	F	Ä	K	W	N	K	I	G	U	F	W	D
S	M	Ä	H	E	N	T	B	M	Y	K	Ä	F	E	R	U	N	H
Q	W	D	R	G	T	Z	U	J	I	K	L	E	S	Ä	K	L	D
N	X	C	K	L	Ä	F	F	E	N	T	M	J	C	O	K	H	X
E	B	Q	Ä	U	H	Q	Y	X	V	R	K	Z	H	Q	L	K	S
H	B	Y	N	E	H	Ä	R	K	W	Ä	X	S	Ä	G	E	O	P
C	N	A	G	N	Q	X	F	R	L	N	T	Z	F	W	B	M	Y
R	Q	R	U	K	U	W	T	Ä	G	E	R	Ä	T	B	Ä	G	C
Ä	Q	V	R	H	W	B	M	H	U	K	S	D	W	Q	S	Z	J
M	C	F	U	G	R	Ä	T	E	Q	M	Ä	R	Z	U	N	D	B

12 Nomen mit ‚ai' musst du auswendig lernen:

der **Hai** – der **Kai** – der **Kaiser** – der **Laib** – der **Laich** – der **Laie** – der **Lakai**
der **Mai** – der **Mais** – die **Saite** – der **Taifun** – die **Waise**

Ordne die Nomen den Bestimmungen zu.

1. Monatsname — 1. ______
2. ovale oder runde Form von Käse oder Brot — 2. ______
3. Meeresraubfisch — 3. ______
4. Titel eines Herrschers — 4. ______
5. tropischer Wirbelsturm — 5. ______
6. Diener in Dienstkleidung — 6. ______

1. Mai – 2. Laib – 3. Hai – 4. Kaiser – 5. Taifun – 6. Lakai

7. Getreide, grobe meist gelbe Körner — 7. ______
8. Eierablage von Fischen — 8. ______
9. befestigtes Ufer im Hafen — 9. ______
10. dünner Strang aus Naturdarm an Musikinstrumenten — 10. ______
11. elternloses Kind — 11. ______
12. jemand, der sich nicht für einen Fachmann hält — 12. ______

Lösung: 7. Mais – 8. Laich – 9. Kai – 10. Saite – 11. Waise – 12. Laie

Bilde zusammengesetzte Wörter mit Hai-; Mais-; Mai-. Schreibe dann das ganze Wort

1. Der ______fisch 2. Der ______kolben 3. Die ______feier

1. ______ 2. ______ 3. ______

Lösung: 1. Haifisch – 2. Maiskolben – 3. Maifeier

Merke: Eine Verwechslung zwischen ‚-ig‘ und ‚-lich‘ kann passieren,
wenn das Stammwort vor ‚-ig‘ mit einem ‚l‘ endet,
weil ‚-ig‘ im Auslaut [‚ich‘] gesprochen wird:
bucke-**lig** gesprochen [‚lich‘], runze-**lig** gesprochen [‚lich‘]

Setze in der richtigen Form ein.

Male das ‚g‘ an.

1. mehlig / Speise	1. eine mehlige Speise
2. *ekelig / Geruch	2.
3. hügelig / Landschaft	3.
4. langweilig / Film	4.
5. *nebelig / Wetter	5.
6. stachelig / Frucht	6.

*auch: eklig , neblig

Lösung: 2. ein ekeliger Geruch – 3. eine hügelige Landschaft – 4. ein langweiliger Film
5. ein nebeliges Wetter – 6. eine stachelige Frucht

7. gruselig / Geschichte	7. Eine gruselige Geschichte
8. *wackelig / Stuhl	8.
9. wohlig / Wärme	9.
10. schimmelig / Käse	10.
11. schwindelig / Höhe	11.
12. eilig / Nachricht	12.

*auch: wacklig

Lösung: 8. ein wackeliger Stuhl. – 9. eine wohlige Wärme – 10. ein schimmeliger Käse
11. eine schwindelige Höhe – 12. eine eilige Nachricht

Schneewittchen

Es war einmal mitten im Winter, und die Schneeflocken **fielen** wie Federn vom Himmel herab, da **saß** eine Königin an einem Fenster, das einen Rahmen von schwarzem Ebenholz hatte, und nähte. Und wie sie so nähte und nach dem Schnee aufblickte, **stach** sie sich mit der Nadel in den Finger, und es fielen drei Tropfen Blut in den Schnee. Und weil das Rote im weißen Schnee so schön aussah, **dachte** sie bei sich: „Hätt‘ ich ein Kind, so weiß wie Schnee, so rot wie Blut und so schwarz wie das Holz an dem Rahmen.“ Bald darauf **bekam** sie ein Töchterlein, das war so weiß wie Schnee, mit Lippen so rot wie Blut und so schwarzhaarig wie Ebenholz, und man nannte es darum Schneewittchen. Und als das Kind geboren war, **starb** die Königin.

Bilde das Perfekt (vollendete Vergangenheit). Schreibe dann das Verb im Infinitiv.

Präteritum (1. Vergangenheit)	Perfekt (vollendete Vergangenheit)	Infinitiv
1. sie **fie**len	sie sind gefallen	fallen
2. sie s**a**ß		
3. sie st**a**ch		
4. sie d**a**chte		
5. sie bek**a**m		
6. sie st**a**rb		

Lösung: 2. sie hat ges**e**ssen – s**i**tzen. 3. sie hat gest**o**chen – st**e**chen. 4. sie hat ged**a**cht – d**e**nken. 5. sie hat bek**o**mmen – bekommen. 6. sie ist gest**o**rben – st**e**rben.

Bilde einen kurzen Satz mit den Worten des Märchens im Perfekt.

1. Schneeflocken sind vom Himmel herab gefallen.
2.
3.
4.
5.

Lösung: 2. Die Königin hat an einem Fenster gesessen. 3. Die Königin hat sich mit der Nadel in den Finger gestochen. 4. Die Königin hat bei sich gedacht… 5. Die Königin hat ein Töchterlein bekommen.

Schneeweißchen und Rosenrot

Eine arme Witwe lebte einsam in einem Hüttchen, und vor dem Hüttchen war ein Garten. Darin **standen** zwei Rosenbäumchen, davon **trug** das eine weiße, das andere rote Rosen; und sie hatte zwei Kinder, die glichen den beiden Rosenbäumchen, und das eine hieß Schneeweißchen, das andere Rosenrot. Sie waren aber so fromm und gut, so arbeitsam und unverdrossen, wie je zwei Kinder auf der Welt gewesen. Schneeweißchen war nur stiller und sanfter als Rosenrot. Rosenrot **sprang** lieber in den Wiesen und Feldern umher, suchte Blumen und **fing** Sommervögel. Schneeweißchen aber saß daheim bei der Mutter und **half** ihr im Hauswesen oder **las** ihr vor, wenn nichts zu tun war.

Bilde das Perfekt (vollendete Vergangenheit). Schreibe dann das Verb im Infinitiv.

Präteritum (1. Vergangenheit)	Perfekt (vollendete Vergangenheit)	Infinitiv
1. sie st**a**nden	sie haben gest**a**nden	st**e**hen
2. er tr**u**g		
3. sie spr**a**ng		
4. sie f**i**ng		
5. sie h**a**lf		
6. sie l**a**s vor		

Lösung: 2. er hat getr**a**gen – tr**a**gen. 3. sie ist gespr**u**ngen – spr**i**ngen. 4. sie hat gef**a**ngen – f**a**ngen.
5. sie hat geh**o**lfen – h**e**lfen. 6. sie hat vorgel**e**sen – vorl**e**sen.

Bilde einen kurzen Satz mit den Worten des Märchens im Perfekt.

1. Zwei Rosenbäumchen haben darin gestanden.
2. ____________________
3. ____________________
4. ____________________
5. ____________________
6. ____________________

Lösung: 2. Ein Rosenbäumchen hat weiße Rosen getragen.
3. Rosenrot ist lieber in den Wiesen umher gesprungen. 4. Rosenrot hat Sommervögel gefangen.
5. Schneeweißchen hat ihrer Mutter geholfen. 6. Schneeweißchen hat ihrer Mutter vorgelesen.

Der Froschkönig oder der eiserne Heinrich

In den alten Zeiten, wo das Wünschen noch geholfen hat, lebte ein König, dessen Töchter waren alle schön, aber die jüngste war so schön, dass die Sonne selber, die doch so vieles gesehen hat, sich verwunderte, sooft sie ihr ins Gesicht schien. Nahe bei dem Schlosse des Königs **lag** ein großer dunkler Wald, und in dem Walde unter einer alten Linde war ein Brunnen. Wenn nun der Tag recht heiß war, so **ging** das Königskind hinaus in den Wald und setzte sich an den Rand des kühlen Brunnens; und wenn es Langeweile hatte, so **nahm** es eine goldene Kugel, **warf** sie in die Höhe und fing sie wieder; und das war sein liebstes Spielwerk.
Nun trug es sich einmal zu, dass die goldene Kugel der Königstochter nicht in ihr Händchen fiel, das sie in die Höhe gehalten hatte, sondern vorbei auf die Erde **schlug** und geradezu ins Wasser hinein rollte. Die Königstochter folgte ihr mit den Augen nach, aber die Kugel **verschwand**, und der Brunnen war tief, so tief, dass man keinen Grund sah.

Bilde das Perfekt (vollendete Vergangenheit).
Schreibe dann das Verb im Infinitiv.

Präteritum (1. Vergangenheit)	Perfekt (vollendete Vergangenheit)	Infinitiv
1. er l**a**g	er hat gelegen	liegen
2. er g**i**ng		
3. sie n**a**hm		
4. sie w**a**rf		
5. sie schl**u**g		
6. sie verschw**a**nd		

Lösung: 2. er ist geg**a**ngen – g**e**hen. 3. sie hat gen**o**mmen – n**e**hmen. 4. sie hat gew**o**rfen – w**e**rfen.
5.sie hat geschl**a**gen – schl**a**gen. 6. sie ist verschw**u**nden – verschw**i**nden.

Bilde einen kurzen Satz mit den Worten des Märchens <u>im Perfekt</u>.

1. Nahe bei dem Schloss hat (einmal) ein großer Wald gelegen.
2. ______
3. ______
4. ______
5. ______
6. ______

Lösung: 2. Das Königskind ist hinaus in den Wald gegangen. 3. Das Königskind hat eine goldene Kugel genommen. 4. Die Königstochter hat die Kugel in die Höhe geworfen. 5. Die Kugel ist auf die Erde geschlagen.
6. Die Kugel ist in dem Brunnen verschwunden.

Aschenputtel

Einem reichen Manne wurde die Frau krank, und als sie fühlte, dass ihr Ende herankam, **rief** sie ihr einziges Töchterlein zu sich ans Bett und **sprach**: „Liebes Kind, bleib fromm und gut, so wird dir der liebe Gott immer beistehen, und ich will vom Himmel auf dich herabblicken und will um dich sein.“ Darauf tat sie die Augen zu und verschied. Das Mädchen ging jeden Tag hinaus zu dem Grabe der Mutter und weinte und **blieb** fromm und gut. Als der Winter **kam**, deckte der Schnee ein weißes Tüchlein auf das Grab, und als es die Sonne im Frühjahr wieder herabgezogen hatte, nahm sich der Mann eine andere Frau.
Die Frau **brachte** zwei Töchter mit ins Haus, die schön und weiß von Angesicht waren, aber garstig und schwarz von Herzen.

Bilde das Perfekt (vollendete Vergangenheit).
Schreibe dann das Verb im Infinitiv.

Präteritum (1. Vergangenheit)	Perfekt (vollendete Vergangenheit)	Infinitiv
1. sie rief	sie hat gerufen	rufen
2. sie sprach		
3. sie blieb		
4. er kam		
5. sie brachte		

Lösung: 2. sie hat gespr**o**chen – spr**e**chen. 3. sie ist gebl**ie**ben – bl**ei**ben. 4. er ist gek**o**mmen – k**o**mmen.
5. sie hat gebr**a**cht – br**i**ngen.

Bilde einen kurzen Satz mit den Worten des Märchens im Perfekt.

1. Sie hat ihr Töchterlein zu sich ans Bett gerufen.
2. ______
3. ______
4. ______
5. ______

Lösung: 2. Die Mutter hat zu ihrer Tochter gesprochen. 3. Die Tochter ist fromm und gut geblieben.
4. Der Winter ist gekommen. 5. Die Frau hat zwei Töchter mit ins Haus gebracht.

Infinitiv	Präteritum (Vergangenheit)	Perfekt (vollendete Vergangenheit)

Schreibe ab.

1. fangen	er **fing**	er hat gefangen
1. ______	______	______
2. fallen	er **fiel**	er ist gefallen
2. ______	______	______
3. gehen	er **ging**	er ist gegangen
3. ______	______	______
4. kommen	er **kam**	er ist gekommen
4. ______	______	______
5. lesen	er **las**	er hat gelesen
5. ______	______	______
6. nehmen	er **nahm**	er hat gen**omm**en
6. ______	______	______
7. sitzen	er **saß**	er hat ges**ess**en
7. ______	______	______
8. stehen	er **stand**	er hat gest**an**den
8. ______	______	______

Bilde Sätze im Präteritum.

1. Die Schüler fingen mit dem Schreiben an, als die Hefte ausgeteilt worden waren.
2. Die Schüler fielen ______
3. Die Schüler ______
4. Die Schüler ______
5. Die Schüler ______
6. Die Schüler ______
7. Die Schüler ______
8. Die Schüler ______

Füge ‚-in' hinzu und schreibe den Artikel.
Bilde die Mehrzahl.

Einzahl, männlich	Einzahl, weiblich **nur ein ‚r'**	Mehrzahl, weiblich **zwei ‚nn'**
1. der Ausländer	die Ausländerin	die Ausländerinnen
2. der Förster		
3. der Frisör		
4. der Kellner		
5. der Nachbar		
6. der Richter		
7. der Sportler		
8. der Absender		
9. der Schauspieler		
10. der Schaffner		
11. der Partner		
12. der Mieter		
13. der Verkäufer		
14. der Pfleger		

Ordne alle Wörter in der weiblichen Form alphabetisch.

1. die Absenderin
2. ______
3. ______
4. ______
5. ______
6. ______
7. ______
8. ______
9. ______
10. ______
12. ______
12. ______
13. ______
14. ______

Lösung: 2. Ausländerin – 3. Försterin – 4. Frisörin – 5. Kellnerin – 6. Mieterin – 7. Nachbarin – 8. Partnerin
9. Pflegerin – 10. Richterin – 11. Schaffnerin – 12. Schauspielerin – 13. Sportlerin – 14. Verkäuferin

Füge ‚-in' hinzu und schreibe mit Artikel.
Finde das verwandte Verb.

Einzahl, männlich	Einzahl, weiblich	verwandtes Verb
1. der Käufer	die Käuferin	kaufen
2. der Tänzer		
3. der Sänger		
4. der Turner		
5. der Lehrer		
6. der Bauer		
7. der Wanderer		

Lösung: 2. die Tänzerin, tanzen – 3. die Sängerin, singen – 4. die Turnerin, turnen – 5- die Lehrerin, lehren
6. die Bäuerin, (an)bauen – 7. die Wanderin, wandern

Füge ‚-in' hinzu und schreibe mit Artikel.
Finde das verwandte Verb.

Einzahl, männlich	Einzahl, weiblich	verwandtes Verb
8. der Räuber		
9. der Bäcker		
10. der Fahrer		
11. der Reiter		
12. der Läufer		
13. der Weitspringer		
14. der Maler		

8. die Räuberin, rauben – 9. die Bäckerin, backen – 10. die Fahrerin, fahren – 11. die Reiterin, reiten
12. die Läuferin, laufen – 13. die Weitspringerin, weitspringen – 14. die Malerin, malen